학술총서02

한강유역의 기와-신라-

서봉수

(재) 백두문화재연구원

● 한글용어 사용 ●

손보기 선생님이 계셨다. 부단히도 어려운 고고학 학술 용어의 한글화를 주창하시고 정착시켜 나가셨다. 그 제자이신 한창균 선생님 역시 끊임없는 열정으로 많은 이에게 영감을 주시었다. 나의 스승이신 신종원 선생님도 그러하셨다. 학부 시절부터 많은 선생님의 영향을 받았으면서도 나는 정작 실행하지 아니하였다. 신종원 선생님은 또 다르셨다. 조용히, 그리고 강력하게 실행하시었다. 나도 작은 것부터 시작해야 함을 처음 느끼었다. 기와 연구에서도 많은 용어들이 일본으로부터 영향을 받거나 어려운 한자용어 투성이다. 다는 아니어도 이 책에 쓰인 용어들 중 많은 부분을 신종원 선생님과 한창균 선생님의 도움으로 한글화를 시도하였다. 비록 어설프긴 해도 많은 고민이 담겨 있다. 아직 내 입에도 붙지 않은 용어들도 많다. 깊은 반성으로 시도해 보았다. 많은 질책과 충고를 바란다.

차례

감사의 글

'학문함에 세(勢)를 이루지 마라'

석사 과정 입학 후 손님왔다고 좋아라 하셨던 나의 스승님은 선비이셨다.

학부시절, 막걸리 냄새를 풍기며 강의실에 들어온 학생들의 종아리에 회초리를 드시는 것도, 군사정권 타도를 외치며 수업을 거부하는 수백 명의 집단 앞에 슬며시 일어나시어 학생들은 공부를 해야한다고 나직하게 말씀하시던 모습도.. 눈에 선하다.

그런 어려운 스승님도 답사나 조사를 가게 되면 그저 동네 뒷동산에 놀러나온 어린애마냥 시골 다방 마담에게도 농을 건네시고 천진난만하셨다.

스승님이 던지시듯 주신 가르침은 세 가지이다.

'학문함에 세를 이루지 마라', '한 글자를 써도 천 번을 생각해라', 그리고 '나를 밟고 가라'이다. 이 세 마디는 내가 지금까지 부족한 학문을 이어오면서도 금과옥조로 여기는 말씀이다.

석사 논문 주제를 정할 때도 특유의 어법으로 무심히 던지신 '기와를 연구해봐라. 그러면 최소한 밥 굶지는 않고 공부할 수 있을 것이다'라는 말씀에 여기까지 오게 되었다.

이호영 선생님. 그립다. 회초리도 맞고 싶고, 이젠 찾기도 힘든 다방에 가 실없으신 농도 듣고 싶다. 병마와 싸우시면서도 박사 입학이 늦어지는 내게 끊임없는 질책과 격려를 아끼지 않으시던 분. 하늘로 돌아가시기 전 제자의 박사 학위 과정 입학을 누구보다 기뻐하시며 당신의 학위복을 물려주신 분.

학문에 별 뜻도, 능력도 없는 내게 항상 조용한 가르침으로 일깨워 주셨기에 그나마 그 끈을 놓지 않을 수 있었다. 하늘에 계신 나의 스승님께 삼가 이렇게 나마 감사와 존경의 말씀을 바친다.

우여곡절 끝에 박사 학위 과정에 입학한 후, 내게는 많은 시련(?)들이 있었다. 개인적인 건강 문제뿐만 아니라, 일과 공부를 병행하는 과정에서 능력의 한계를 절감하면서도 나는 또 다른 스승과 동학들에게 많은 사랑을 받았다. 박사 과정 입학 이전부터 신종원 선생님을 지도 교수로 모시기로 작심하긴 하였지만 이 분은 또 왜 이리도 나를 이뻐라 해주시는지. 모지라고 모자란 제자를 졸업시키기까지 15년을 한결같은 애정으로 이끌고 가르침을 주셨다. 선생님은 말씀보다는 행동으로 제자들을 가르치고 이끄셨다. 지난 15년 동안 누굴 탓하시는 말씀 한 마디를 듣지 못했다.

아! 나의 스승복은 이리도 분에 넘치고 넘친다.

석사 과정을 무사히 마치는 데 큰 도움을 주신 고 정영호 선생님.

학문의 멋과 열정을 일깨워주신 단국대학교 사학과의 고 차문섭 선생님, 고 송병기 선생님, 김원모 선생님, 문철영 선생님, 최희재 선생님, 김경현 선생님.

고고학의 기초를 다져주신 한창균 선생님, 고고미술사의 멋과 학계의 쓴맛도 느끼게 해준 박경식 선생님. 모두모두 고마운 분들이다.

한국학중앙연구원의 최진옥 선생님과 전경목 선생님, 김건곤 선생님께도 깊은 감사의 말씀을 전하고 싶다. 어려운 박사 과정 내내 격려하고 배려해 주신 덕에 무사히 졸업을 할 수 있었다.

가끔 새로 출간된 서적을 보다 보면 서두에 저자들이 주저리주저리 감사의 글을 적는 것이 낯간지럽기도 하여 별다른 감흥없이 재미삼아 보곤 했는데 내가 당사자가 되어보니 그 심정이 이해가 간다. 처음이자 마지막이 될 지도 모를 책자이니 어찌하랴.

지음고사를 좋아한다.

중국 춘추전국시대, 유백아라는 거문고 연주가 경지에 오른 이와 종자기라는 친구 사이의 이야기로 유백아의 음악적 경지를 유일하게 알아주는 이가 종자기였다고 한다. 유백아는 자신의 음악을 알아주고 함께 느끼며 교감할 수 있는 종자기와 깊은 우정을 나누었으나 종자기가 홀연 병들어 죽자 자신의 거문고 줄을 끊어버리고 다시는 연주하지 않았다고 한다.

지음(知音). 자신의 속마음을 알아주는 친구를 뜻한다.

석사 과정 입학 이후부터 함께 공부해 오며 나를 '봉수님'이라 호칭하는 친구. 비록 서로 다른 전공분야를 공부해 왔지만 서로의 분야를 존중하고 이해하려 노력했고 끊임없는 존중과 배려, 격려로 박사학위 논문까지의 과정을 지켜봐 주었던 친구. 단국대학교 박성순 교수는 그런 지음 친구라고 나는 항상 얘기해 왔다. 고맙다.

한국학중앙연구원의 조경철, 김진광, 김선숙, 정원주, 송준혁, 강문석, 김진한, 선봉조, 전진국 박사님들께도 감사하다. 학위과정 내내 베풀어주었던 격려와 아낌없는 사랑을 어찌 잊을 수 있을까.

단국대학교 사학과 동기인 김운환, 이정호, 김문호, 박진희 친구에게도 고마운 마음을 전한다. 입학 이후 30여 년을 한결같은 믿음과 이해로 좋은 친구관계를 유지해 왔다. 싸우기도 많이 싸우고 하였지만 졸업 이후 서로 다른 일을 하면서 더욱 돈독해진 자랑스러운 나의 친구들이다.

어릴 적 동네 친구이자 초등학교 동창이기도 한 김경식, 이기홍, 공문기, 피경태는 지금까지도 허물없이 술 한잔 기울이는 소중한 친구들이다. 나이를 먹어가고 사회생활이 깊어갈수록 이 친구들과 함께 나누는 추억과 삶의 이야기들은 내 마음속 깊은 자양분이 되어 나를 키워냈는지도 모르겠다.

사회에 나와 너무 늦게 만난 것도, 너무 멀리 떨어져 있는 것도 서로 아쉬워하는 경주 기와쟁이 조성윤 박사는 내가 학위를 받는 데에도 결정적인 역할을 하고 학위받고 나가야 할 길도 제시해 준 고마운 늦둥이 친구이다. 감사한다.

이렇듯 스승복, 친구복이 많은 나이지만 가장 큰 행운이자 복은 부모님 은혜이리라. 감히 무슨 말로 부모님의 은혜를 다 표현할 수 있을까.

그저 진자리 마른자리 골라 주시며 어려운 시절, 부족함없이 길러내 주신 은혜. 전형적인 경상도 사나이이신 아버지 서 명자 식자 님과 자비로우신 어머니 박 도자 이자 님은 집안의 큰 기둥으로서 수많은 친척들과 함께 나를 지극히 평범하게 잘 키워주셨다. 평범함이 얼마나 고맙고도 어려운 것인가를 나이들수록 새삼 깨닫게 되는 오늘날, 열여섯에 상경하시어 지금까지도 일을 손에 놓지 않고 건강하게 늙어가시는 아버지와 노세노세 늙어서 노세를 열심히 실천하고 계시는 어머니 덕분에 나 또한 즐겁고 기쁘기 한량없다. 내가 무슨 선택을 해도 그저 인정하시고 지켜봐 주셨기에 이런 글도 쓸 수 있게 되어 감사할 따름이다.

부모님 은혜는 자식을 낳아보고 길러봐야 안다는 당연한 말씀. 그러한 부모님의 사랑과 은혜를 느끼게 해준 나의 영원한 동지이자 비판자인 최상아 여사와 딸 지현에게도 감사하지 않을 수 없다. 아내와 가끔 나누는 얘기지만 우리가 세상에서 한 일 중에 가장 잘했고 훌륭한 것을 꼽으라면 주저없이 우리 딸 지현이를 만난 일이라고 웃으며 말한다. 하나여서 좀 아쉽지만 한 아이의 부모로서, 다시 한번 나를 부모로서 행복을 느끼게 해주신 나의 부모님과 아내의 부모님께 감사드릴 뿐이다.

나와 아내는 종교적 신앙심이 부족하여 별다른 신앙이 없으나 나의 부모님은 독실한 불교 신자이시고 장모님은 독실한 기독교 신자이시다. 항상 우리 가족의 건강과 큰 사위의 일을 기도해 주시는 김 복자 윤자 장모님과 최상미, 최혜옥 처제들에게도 감사드린다. 하늘에 계신 장인어른과 함께 양가의 기도 덕분으로 우리 세 식구는 항상 건강하고 각자 하는 일도 잘 될 것이다는 믿음이 있다.

항상 부족한 능력으로 백두문화재연구원이라는 연구기관을 이끌기에, 모지라고 모자란 원장인데도 언제나 깊은 아량으로 인정해 주시어 꾸짖으시기보다는 힘과 격려를 아끼지 않으시는 신창수 이사장님은 평생 함께할 동지이자 또 다른 스승이시다. 이사장님 덕분에 여기까지 왔고 앞으로도 버틸 힘이 생겨날 것 같다. 더불어 능력부족 원장과 함께 지금까지 연구원을 이끌어온 모든 직원 분들에게도 감사의 뜻을 표한다.

마지막으로 모지란 글을 다듬고 편집해 준 백두문화재연구원 출판부의 여이숙 부장님을 비롯한 이세호 팀장님, 노호 선생님, 김민선 선생님에게 깊은 고마움을 표한다. 또한 백두문화재연구원의 김판석 실장님과 구민혁 선생님, 염다인 선생님도 통계와 도면작업에 도움을 주었다. 명지대 박정민 교수는 영문 번역을 선뜻 맡아주었다. 이 자리를 빌려 감사의 마음을 전한다.

마음을 전하려다 보니 너무나 많은 분들이 떠오르지만 다 표현하지 못함에 송구스러울 따름이다. 내 마음속에서 감사함을 느끼는 그 모든 분들에게 사랑과 존경의 마음을 전한다.

학위논문을 책으로 엮어 내기가 참으로 민망하고 부끄러웠지만, 스승님의 격려와 채찍이 아니었으면 아니 내었을 것이다.

고 이호영 선생님과 신종원 선생님께 이 책을 바친다.

Ⅰ. 머리말

Ⅰ. 머리말

1. 연구 목적 및 방법

기와는 역사의 물질 사료로서 고고학에서 토기와 마찬가지로 중요한 연구 대상이다. 특히, 고대 국가인 삼국시대부터 권위용 장소에 기와 사용이 활발해져서 각각의 시대를 대표하는 가장 중요한 역사적, 고고학적 유물 중의 하나로 인식할 수 있다.

삼국은 각기 시기를 달리하면서 한강을 중심으로 한 지역 일대를 차지하였고 수많은 관련 유적과 유물을 남겨 놓았는데, 특히 기와는 고대 국가의 정치 · 군사 · 사회 상황을 사실대로 나타내며 동시에 각 나라의 문화적 · 기술적 차이를 빠짐없이 우리에게 알려준다.

삼국은 고대 국가 성립기부터 기와를 사용하기 시작하였는데 백제가 한강유역을 중심으로 고대 국가의 기반을 잡기 시작한 뒤에 정치 · 군사적 상황에 따라 각각 고구려와 신라가 뒤를 이어 한강유역을 경영하였다. 최근 수십 년간 활발히 진행된 발굴조사에서도 그러한 흐름이 확인되었으며, 각 나라의 유적들은 기와가 집중 출토되는 유적과 그렇지 않은 유적으로 크게 나뉜다.

생활 유물인 토기는 유적의 성격을 가리지 않고 두루 출토되는 반면, 기와는 왜 특정 유적에서만 확인되는 것일까? 삼국의 수많은 유적들 중에서 기와가 출토되는 유적은 어떤 의미가 있으며, 그 차이나 시기는 어떠한가에 대한 물음이 이 글의 출발점이다.

이 글은 기와라는 특정 유물을 대상으로 하였다. 특히 한강유역에는 삼국이 각각 시기를 달리하며 점유하는 과정에서 수없이 많은 유적을 남겨놓았다. 모든 유적에서는 중심 유물로 토기와 기와가 그 수량을 헤아리기조차 힘들 정도로 출토되고 있다. 따라서 이 두 유물은 현 시점에서 전수조사가 불가능할 정도이다. 하지만 토기 연구는 전국 각지에서 조사되고 있는 고분 출토 토기를 통해 기본적인 편년안이 수립되었고 이후 세부적인 형식분류 연구와 지역적 편차 연구에 이르기까지 그 성과가 축적되었다.

이에 비해 기와 연구는 고대 왕궁추정 유적을 중심으로 수많은 기와가 출토되었음에도 오히려 막대한 수량이 부담스럽고 유물의 중요도가 떨어진다는 판단으로 전수조사가 이뤄지지 못했으며 초기 연구가 선별된 막새를 중심으로 미술사적으로 진행됨으로써 고고학적 연구가 상대적으로 미흡할 수 밖에 없었다.

최근 각 지역의 도성이나 산성 등의 유적에서 출토되는 기와에 대해서는, 비록 여전히 전수조사[1)]는 힘든 형편이지만, 통계학적 방법을 이용하거나 선별된 기와에 한해서라도 세부 속성 기술을 시도하는 등 진일보한 형편이다.

기와 연구의 최근 경향을 살펴보면 과거에는 막새 위주로 연구가 진행되었으나 현재는 일반 평기와를 대상으로 한 연구가 활발히 진행되고 있으며, 고대부터 조선시대까지 전 시대별 변천 양상이라든가, 시대별 속성의 대략적인 연구가 축적되어 연구자들에게 제공되고 있다. 하지만 아직까지도 기와는 발굴현장에서 그 양적, 수적 측면에서 가장 부담되는 연구 자료로 취급되어 현실적으로 전량 조사는 거의 불가능에 가까운 형편이다. 그래도 많은 조사자들이 최대한의 분석 데이터와 함께 나름의 고찰을 유도하여 연구경향을 주도해 나가고 있어 다행이다.

분석과 연구의 흐름은 각 지역에서 이루어지고 있는 조사기관의 발굴조사

---

1) 국립경주문화재연구소는 경주 월성 유적에서 출토되는 기와에 대해 전수조사를 진행하고 있다. 하지만 대부분의 기관에서는 여전히 현실적인 여건상 전수조사가 어려운 것도 분명한 사실이다.

보고서와 학위논문 및 일반논저를 통해 파악할 수 있다.

최근 발굴보고서에서 전수조사는 현실적으로 어렵더라도 유구별, 층위별로 출토되는 기와를 최대한 분석대상으로 선정한 뒤에 개별 유물에 대한 속성분석 결과를 표로 제시하고 나아가 통계나 나름의 유형화를 통해 유물속성을 제시, 편년을 유도하고 있다. 필자는 지점 또는 지역별 세부 분석 연구가 중요하다고 생각한다. 특히 기와는 같은 지역 내에서도 큰 틀에서는 공통된 속성을 지니더라도 세부 틀에서는 지점별, 지역별 편차가 나타나는 부분도 적지 않다. 예를 들어 무늬나 두드림판의 경우, 큰 틀에서는 줄무늬, 단판으로 구분할 수는 있어도 세부 틀로 들어가서 보면 줄무늬 내에도 지점별, 지역별로 줄무늬 형태가 각기 다르고 두드림판의 규격이나 형태도 차이를 보인다.

따라서 우리가 하나의 기준을 정하거나 흐름을 파악하기에 앞서 지점별, 지역별 연구가 더욱 세부적으로 이루어지게 하기 위해서라도 이러한 발굴보고에 세심한 주의를 기울여야 한다. 이후 이러한 성과를 묶어 큰 틀을 만들어 가는 것이 기와 연구에서는 더욱 필요하다.

발굴보고서가 간행된 유적에 대해서는 흔히 고고학적 편년안을 마련하기 위한 학위논문과 학술연구가 발표된다. 큰 틀에서는 우선, 형식분류를 위한 틀을 만들고 지역 또는 전국 단위의 유적을 대상으로 보고서에서 논지에 필요한 형식의 기와를 추출, 분석하여 근거를 확보하는 것이다. 그리고 순서배열하여 편년안을 형성하고 이론을 제시한다. 이는 기와 연구뿐만 아니라 토기나 다른 유물의 편년연구에서도 적용하는 귀납적 고고학 연구방법이다.

그런데 대상 자료를 추출하는 방법에서 약간의 차이를 보인다.

이론을 형성하는 큰 틀에서는 귀납적 고고학 방법론을 적용하고 자료를 추출하는 방법으로 작은 의미에서 연역적 방법을 사용한다. 다시 말하면 최소한 고고학적 편년안을 마련하는 작업에서는 점점 세부적인 분석틀을 제시하는 발굴보고서를 이용하여 지점, 지역별 분석 결과를 토대로 형식을 완성해야 한다.

지난 20세기까지의 연구는 세부적인 분석틀을 제시하지 않고 자료를 소개하는 수준으로 제시하였으며, 때로는 보고조차 제대로 하지 않았다. 또한 편의에 따라 지역 또는 전국 단위의 유적에서 자료들을 추출하여 논지를 완성하기도 하였다. 이제는 지점별 또는 지역별 자료에서 좀 더 세부적인 분석틀을 완성해야 한다.

필자는 이러한 인식을 바탕으로 대상 유적 3곳을 선정하여 분석하였다. 기존 연구에서는 많은 유적을 대상으로 자료를 수집하여 분석하고 편년안을 마련함으로서 보편성을 확보하려 하였다면 이 글에서는 이들 유적의 특수성을 분석하고 형식안을 제시하여 기타 성과들과 비교하여 보편성을 확보하고자 한다.

다시 말해 자신의 논지에 따라 형식을 설정하기 이전, 지역 또는 전국 단위의 유적을 대상으로 필요한 유물을 추출하여 논지를 완성화하기보다는 지점 또는 지역 단위의 유물을 통해 형식화하여 적용하자는 것이다.

또한, 기와 연구는 각 시대별 연구가 어느 정도 축적되어 있다고는 하나 아직까지도 그 세부적 속성에서 토기처럼 시기별, 지역별 유형화 연구는 그 진척이 더딘 편이다. 이에 각 시기별 세부속성을 토대로 한 비교연구 또한 아직까지 미흡하다.

이 글은 한강유역 신라유적에서 출토된 기와를 연구의 중심 소재로 삼았다. 기와 연구는 통시대적 편년 연구가 앞서 진행되었지만 지역에 따라 시기나 고고학적 성격 등 세부적인 부분에서는 여전히 앞으로 나가지 못하고 있는 실정이다. 특히 신라기와는 거의 모든 발굴보고서에서 구체적인 시기별 편년을 시도하지 못하고 삼국말 통일신라라는 애매한 편년관을 따르고 있는 형편이다.

따라서 이 글은 한강유역 출토 신라기와라는 유물에 대한 고고학적 관찰을 통해 형식분류를 시도하고 이와 함께 구체적인 시기를 설정하는 것에 초점을 두었다.

이를 위해 연구의 시 · 공간적 범위의 한정이 필요한데 공간적 범위는 한강유역을 중심으로 하였다. 앞서 언급하였듯이 한강유역은 삼국이 그 지역적 중요성을 인지하고 쟁탈전을 벌였던 곳이기 때문이다. 더욱이 신라가 최후로 한강유역을 점유하고 이전 백제나 고구려에 비해 군현제라는 좀 더 적극적인 제도를 통해 영유화하는 과정에서 수많은 관련 유적을 남겨놓았기에 어느 지역보다도 중요도가 높다고 할 것이다.

시간적 범위는 이러한 공간 범위 내에서 신라가 한강유역을 점유한 시기부터 통일 해체기에 이르는 시기까지, 즉 6세기 중반에서 10세기 전반까지로 하였다.

거듭 얘기하자면, 그동안 이 시기 기와 연구의 고고학적 동향은 삼국말 통일신라라는 애매한 구분속에서 명확한 시기구분이 시도된 연구가 없었기 때문에 현장에서의 관찰 및 보고서에 기술되는 내용에도 이에 대한 분명한 시기구분을 하기가 어려웠던 것이 이 연구를 진행하게 한 요인이 되었다. 특히 한강유역은 삼국이 소유권을 놓고 가장 치열하게 각축전을 벌였던 곳이기도 하여 출토 기와의 소속도 애매한 경우가 많았다.

결론적으로 이 글의 최종 목적은 한강유역에서 출토된 신라 및 통일신라기와의 시기별 변화 속성을 고찰하여 삼국 이후 통일신라기와가 갖는 보편적 특징 속에서의 변화상을 시기구분 짓고자 하는 것이다.

결국, 신라기와의 고고학적인 관찰을 통해 신라기와의 시기별 차이와 나아가 신라기와의 보편적 성격을 모색하여 시기구분 짓고자 한다.

중국사서 중 하나인 『구당서』에서는 고구려, 백제, 신라의 풍습에 대해 다음과 같이 언급하였다.

'(고구려의) 사는 곳은 반드시 산골짜기에 의지하며, 모두 띠로 이엉을 엮어 지붕을 잇고, 오직 불사 · 신묘 및 왕궁 · 관부만이 기와를 쓴다.'

-其所居必依山谷 皆以茅草葺舍 唯佛寺神廟及王宮官府乃用瓦-

(『舊唐書』 卷199上, 列傳 第149上 東夷列傳 高麗條)

'(백제의) 모든 세금 및 토산물은 많은 부분이 고(구)려와 같다.'

-凡諸賦稅及風土所産 多與高麗同-

(『舊唐書』 卷199上, 列傳 第149上 東夷列傳 百濟條)

'(신라의) 풍속 · 형법 · 의복 등은 고(구)려 · 백제와 대략 같다.'

-其風俗刑法衣服與高麗百濟略同-

(『舊唐書』 卷199上, 列傳 第149上 東夷列傳 新羅條)

필자는 이 사료를 근거로 하여 고구려, 백제, 신라의 풍습이 보편적 동질성을 가지고 있음을 인지하고 나아가 삼국이 모두 불사, 신묘, 왕궁, 관부에 기와를 사용하였다는 사료를 전제로 하여 이 글을 시작하려 한다.[2] 이러한 사료적 인식의 바탕은 실제 고고학 발굴 현장의 삼국시대 이후 고대 유적에서 그대로 구체화되어 기와가 출토되는 유적은 왕궁터나 절터, 관청터(산성) 등으로 추정할 수 있게 한다.

이러한 문제의식을 가지고 한강유역의 중심 유적에서 출토된 신라 및 통일신라기와를 대상으로 하여 그 세부적 속성을 비교, 분석하였다. 그리고 기와와 함께 출토되는 유물들(토기, 글자기와)과의 비교, 분석을 통하여 그 시공간적 개념을

2) 이러한 인식은 우리측 사료인 『三國史記』 屋舍條에도 신라 진골 및 6두품의 신분마다 가옥에 대한 규제사항을 적어놓는 데까지 이어진다고 할 수 있다.

정리해 보고자 하였다. 더불어 대표유적 외에 한강유역의 다른 유적에서 출토된 기와를 검토, 이 글에서 도출된 편년안을 적용하여 비교해 볼 것이다. 나아가 삼국통일기에 들어와서 후삼국기에 이르기까지 기와라는 유물이 어떻게 보편적 특징을 갖게 되며 그 속에서 어떠한 변화상을 형성하게 되는가도 살펴볼 것이다.

2. 연구사

1) 시대별 연구 동향

한강유역을 중심으로 각 나라의 흥망성쇠는 백제 → 고구려 → 신라로 이어져 왔지만, 우리나라의 기와 연구는 신라의 수도였던 경주를 중심으로 시작되어 활발히 진행되어 왔다고 해도 과언이 아니다. 이는 지난 시기 한국의 사회 · 정치적 상황과 맞물려 신라를 중심으로 학문적 성과가 크게 진작된 결과이기도 하다. 또한 신라라는 고대 국가가 시 · 공간적 의미의 경주라는 지역을 중심으로 수백 년간 세력을 지속하여 오면서 고고학적 성과가 그대로 축적되어 나타난 당연한 결과이기도 하다.

어쨌든 신라 문화는 경주를 중심으로 출발하여 누적, 파생하였다. 이러한 경향을 반영하듯 신라기와 연구의 출발도, 최근의 학위 논문과 연구도 경주를 중심으로 활발히 진행되고 있다. 하지만 문화의 흐름이 그렇듯이, 신라기와 연구의 흐름도 경주라는 시 · 공간적 범위를 넘어 신라의 공간적 범위의 확대 흐름과 병행하여 확장되어야 할 것이다. 연구의 추세는 지역적 기반을 바탕으로 한 특성을 밝혀내고 나름 분석의 틀을 세밀화한 것에 있다고 하겠다. 하지만, 경주라는 특정지역에 비해 그 연구성과는 상대적으로 미미하다.

이러한 신라기와 연구를 바탕으로, 기와 연구는 전 시대적 연구를 비롯하여 신라뿐 아니라, 고구려기와, 백제기와 연구의 속도를 높였고 이어서 발해 및 고려, 조선시대까지 연구 범위를 넓혔다. 최근엔 가야사 연구의 활성화와 함께 가야기와에 대한 인식의 재고도 요청되고 있다.

다음 표는 위에서 언급한 대로 신라기와 연구의 출발부터 관련 학위논문과 시대별 연구현황 등을 정리한 것이다.

표 1. 기와 연구 현황

<table>
<tr><th>연구경향</th><th>저자</th><th>연도</th><th>제 목</th></tr>
<tr><td rowspan="8">신라기와 연구 출발</td><td>윤근일</td><td>1977</td><td>「統一新羅時代 瓦當의 製作技法에 關한 硏究-雁鴨池出土遺物을 中心으로-」, 단국대학교대학원 석사학위논문.</td></tr>
<tr><td>조유전</td><td>1980</td><td>「皇龍寺址 出土 特殊瓦 · 塼」, 『韓國文化』2권 11호.</td></tr>
<tr><td rowspan="2">신창수</td><td>1986</td><td>「황룡사지 출토 신라기와의 편년」, 단국대학교대학원 석사학위논문.</td></tr>
<tr><td>1987</td><td>「三國時代 新羅기와의 硏究-皇龍寺址出土 新羅기와를 중심으로」, 『문화재』20, 문화재관리국 문화재연구소.</td></tr>
<tr><td rowspan="3">박홍국</td><td>1986</td><td>「三國末~統一初期 新羅瓦塼에 대한 一考察」, 동국대학교대학원 석사학위논문.</td></tr>
<tr><td>1988</td><td>「月城郡 內南面 望星里 瓦窯址와 出土瓦塼에 대한 考察」, 『嶺南考古學』5, 영남고고학회.</td></tr>
<tr><td>1998</td><td>「慶州 羅原里 五層石塔과 南山 七佛庵磨崖佛의 造成時期-최근 수습한 銘文瓦片을 중심으로-」, 『科技考古硏究』4, 아주대학교박물관.</td></tr>
<tr><td>김기택</td><td>1989</td><td>「新羅瓦當의 文様 硏究-慶州地方 出土品을 中心으로-」, 계명대학교대학원 석사학위논문.</td></tr>
<tr><td rowspan="2">경주중심 신라기와 학위논문</td><td rowspan="2">김유식</td><td>1994</td><td>「韓國 古代 鴟尾 彫刻의 考察」, 경희대학교대학원 석사학위논문.</td></tr>
<tr><td>2010</td><td>「新羅 瓦當 硏究」, 동국대학교대학원 박사학위논문.</td></tr>
</table>

연구경향	저자	연도	제 목
경주중심 신라기와 학위논문	조성윤	2000	「慶州 出土 新羅 평기와의 編年 試案」, 경주대학교대학원 석사학위논문.
		2013	「新羅 東宮創建瓦塼 研究」, 경주대학교대학원 박사학위논문.
	김기민	2001	「新羅기와 製作法에 관한 研究-慶州 勿川里 出土기와를 중심으로-」, 동아대학교대학원 석사학위논문.
	박은진	2004	「芬皇寺 출토 수막새에 관한 研究-문양과 제작방법을 중심으로-」, 동아대학교대학원 석사학위논문.
	이인숙	2004	「統一新羅~朝鮮前期 평기와 製作技法의 變遷」, 경북대학교대학원 석사학위논문.
	노윤상	2005	「新羅時代 蓮花文수막새 研究-慶州地域 寺址發掘出土品을 中心으로-」, 동국대학교대학원 석사학위논문.
	이선희	2006	「月城垓子 出土 수막새의 製作技法과 編年 研究」, 동아대학교대학원 석사학위논문.
	류환성	2007	「羅末麗初 慶州 出土 寺刹銘 平기와 研究」, 경주대학교대학원 석사학위논문.
	이동주	2007	「기와로 본 신라 王京의 변천 연구」, 동국대학교대학원 석사학위논문.
	최여진	2007	「古新羅 蓮花文 瓦當의 形式과 系統」, 공주대학교대학원 석사학위논문.
	박정재	2010	「경주지역 신라수막새 편년에 대한 연구」, 동아대학교대학원 석사학위논문.
	정지연	2011	「古新羅 高句麗系 蓮花文수막새 研究」, 영남대학교대학원 석사학위논문.
	노수민	2012	「新羅 蓮花文수막새 製作技術의 確立과 展開 -慶州地域을 中心으로-, 영남대학교대학원 석사학위논문.
	김지영	2015	「경주지역 신라 평기와 유통체계의 변화」, 계명대학교대학원 석사학위논문.
	이재명	2016	「경남지역 삼국~고려시대 평기와 연구」, 경상대학교대학원 석사학위논문.
	정원혁	2016	「경주지역 신라 평기와의 변천 연구」, 동아대학교대학원 석사학위논문.

연구경향	저자	연도	제 목
경주중심 신라기와 학위논문	하근영	2018	「신라 단판능선연화문수막새 연구」, 부산대학교대학원 석사학위논문.
	김민식	2019	「新羅 寶相華文 수막새의 變遷」, 영남대학교대학원 석사학위논문.
	정승복	2019	「統一新羅 수막새의 編年과 需給」, 경북대학교대학원 석사학위논문.
경주중심 신라기와 연구	신창수	2007	「징락사지 출토 압막새 검토」, 『충북의 기와』, 한국기와학회.
		2014	「황룡사지 출토 고식수막새의 특징과 편년에 대한 소견」, 『황룡사지 출토 신라 고식수막새 연구현황과 검토』, 국립경주문화재연구소.
	조성윤	2001	「古新羅 有段式기와에 대하여」, 『古文化』57, 한국대학박물관협회.
		2002	「慶州 出土 中板 打捺文樣 평기와의 製作時期와 그 意味」, 『佛教考古學』2, 위덕대박물관.
		2003	「新羅 長板 打捺文樣 평기와의 慶州 製作與否에 대하여」, 『梨花史學研究』30, 이화사학연구소.
		2005	「慶州 皇龍寺址 出土 統一新羅 瓦의 研究課題」, 『한국기와학회학술대회 발표 자료집』2, 한국기와학회.
		2006	「新羅瓦로 본 雁鴨池 築造에 대하여」, 『佛教考古學』6, 위덕대박물관.
		2006	「慶州 皇龍寺址 출토 수막새瓦의 研究課題」, 『기와를 통해 본 '미륵사와 황룡사'』, 한국기와학회.
		2006	「新羅 古式 蓮花文수막새의 製作時期에 대하여」, 『역사와 세계』30, 효원사학회.
		2008	「이른바 高句麗系 新羅 古式 蓮花文 수막새에 대하여」, 『科技考古研究』14, 아주대박물관.
		2013	「慶州 雁鴨池 中心遺物 創建瓦 研究」, 『야외고고학』 16, 한국문화재조사연구기관협회.
		2015	「울산 반구동유적 신라기와의 의미」, 『기와가 알려주는 울산 역사』, 울산대곡박물관.
		2017	「신라 문무왕대 왕궁 所用 瓦의 의의」, 『신라문화유산연구』창간호, 신라문화유산연구원.

연구경향	저자	연도	제 목
경주중심 신라기와 연구	조성윤	2019	「신라 習부명 명문와(銘文瓦)의 의미」, 『신라문화연구』3, 신라문화유산연구원.
		2020	「新羅 儀鳳 四年 皆土명 瓦의 皆土 의미」, 『한국기와학보』창간호, 한국기와학회.
	박홍국	2002	「瓦塼資料를 통한 靈廟寺址와 興輪寺址의 位置 比定」, 『新羅文化』20, 동국대신라문화연구소.
	김유식	2001	「蔚州郡 立岩里 蓮花文圓瓦當에 대한 小考」, 『佛敎考古學』1, 위덕대박물관.
		2002	「統一新羅 綠釉瓦의 檢討」, 『東岳美術史學』3, 동악미술사학회.
		2005	「황룡사지 출토 신라기와의 연구성과와 과제」, 『기와를 통해 본 '미륵사와 황룡사'』, 한국기와학회.
		2007	「百濟系 新羅 古式 蓮花文수막새에 대하여」, 『新羅學硏究』11.
		2009	「5~6세기 연화문수막새를 통해 본 신라와 주변제국의 교류」, 『동악미술사학』10, 동악미술사학회.
	차순철	2007	「경주지역 평기와의 타날형태 변화에 대한 검토-단판 · 중판 · 인장 그리고 장판으로-」, 『문화재』40, 국립문화재연구소.
		2007	「경주지역 사원출토 평와의 수급관계 고찰-전용와 · 공용와 · 교류와를 중심으로-」, 『불교미술사학』5, 불교미술사학회.
		2020	「통일신라시대 경주지역 장판타날기와의 출현시기 검토」, 『문물연구』37, 동아문화재단.
	최맹식	2004	「皇龍寺址 回廊外廓 出土 평기와 調査硏究」, 『文化史學』21, 한국문화사학회.
	조원창	2006	「皇龍寺 重建期 瓦當으로 본 新羅의 對南朝 交涉」, 『한국상고사학보』52, 한국상고사학회.
		2006	「新羅 瓦積基壇의 型式과 編年」, 『新羅文化』28, 동국대 신라문화연구소.
		2012	「황룡사지 출토 대형 치미의 편년과 사용처 검토」, 『선사와 고대』36, 한국고대학회.
	이선희	2006	「수막새의 동범와(同范瓦)에 대한 검토」, 『文化財』39, 국립문화재연구소.
		2009	「월성해자 출토 고식수막새의 제작기법과 편년 연구」, 『韓國考古學報』70, 한국고고학회.

연구경향	저자	연도	제 목
경주중심 신라기와 연구	김성구	2010	「雁鴨池 出土 古式瓦當의 形式的 考察」, 『美術資料』29, 국립중앙박물관.
	류환성	2010	「경주 출토 나말려초 사찰명 평기와의 변천과정」, 『신라사학보』19, 신라사학회.
	국립경주박물관	2010	『新羅瓦塼』.
	김지영	2011	「경주지역 삼국~통일신라시대 막새기와의 유통」, 『영남문화재연구』24, 영남문화재연구원.
	국립경주문화재연구소	2011	『경주 사천왕사지 瓦』.
	박헌민	2011	「慶州地域 古新羅~統一新羅時代 瓦연구-瓦窯의 構造와 出土瓦의 流通을 中心으로-」, 『한국기와학회 학술대회 발표자료집』8, 한국기와학회.
	양종현	2012	「신라기와의 지방확산에 대한 검토」, 『文化財』57, 국립문화재연구소.
		2012	「경주지역 신라시대 귀면문 마루끝장식기와 고찰」, 『선사와 고대』37, 한국고대학회.
		2013	「황룡사지 출토 신라 고식수막새의 문양과 제작기법 고찰」, 『유물로 본 신라 황룡사』, 국립경주문화재연구소.
	이인숙	2012	「경주지역 출토 통일신라시대 수막새 편년」, 『韓國考古學報』85, 한국고고학회.
	정지연	2012	「경주지역 출토 백제계 신라 수막새에 대한 일고찰」, 『백제 사비기 기와 연구』IV, 국립부여문화재연구소.
	한국기와학회 · 국립경주박물관	2016	「동궁과 월지 출토 기와 연구」.
	한국기와학회	2017	「황룡사지 출토 중문와전 연구」.
	한국기와학회 · 국립경주박물관	2018	「신라기와의 편년」.

연구경향	저자	연도	제 목
경주중심 신라기와 연구	한국기와학회 · 국립경주문화재연구소	2019	「경주 월성 기와 연구의 전망과 과제」.
	정원혁	2020	「신라 평기와 제작방법의 전개」, 『한국기와학보』창간호, 한국기와학회.
경기지역 신라기와 연구	허미형	1989	「統一新羅期 平瓦에 대한 研究」, 한양대학교대학원 석사학위논문.
	서봉수	1999	「抱川 半月山城 기와의 屬性分析과 製作時期」, 단국대학교대학원 석사학위논문.
	이혜빈	2018	「중서부지역 신라 연화문수막새 연구」, 단국대학교대학원 석사학위논문.
	이진호	2020	「하남 천왕사지 막새기와의 성격과 변천」, 한신대학교대학원 석사학위논문.
전(全) 시대적 연구	서오선	1985	「韓國平瓦文樣의 時代的 變遷에 對한 研究」, 충남대학교대학원 석사학위논문.
	최태선	1993	「平瓦製作法의 變遷에 대한 研究」, 경북대학교대학원 석사학위논문.
	최맹식	2003	「三國時代 평기와에 관한 研究」, 단국대학교대학원 박사학위논문.
신라기와 연구	김성구	2000	「新羅기와의 成立과 그 變遷」, 『新羅瓦塼』, 국립경주박물관.
	최맹식	2002	「통일신라 평기와 연구」, 『湖西考古學』6 · 7, 호서고고학회.
	차순철	2002	「「官」字銘 銘文瓦의 使用處 檢討」, 『慶州文化研究』5, 경주대경주문화연구소.
		2015	「울산 출토 기와의 현황과 특징」, 『기와가 알려주는 울산역사』, 울산대곡박물관.
	서봉수	2002	「경기지역 산성출토 신라기와 연구」, 『경기사학』6, 경기사학회.
		2002	「평기와 내림면의 속성과 시대적 특성」, 『박물관지』11, 충청대박물관.
		2014	「서울 금천 독산동 유적 출토 신라기와 분석」, 『동아세아 역사문화논총』, 서경문화사.

연구경향	저자	연도	제 목
신라기와 연구	이인숙	2004	「통일신라~조선전기 평기와 제작기법의 변천」, 『한국고고학보』54, 한국고고학회.
	이난영	2005	「미륵사지 출토 통일신라기와」, 『기와를 통해 본 '미륵사와 황룡사'』, 한국기와학회.
	허미형	2006	「경기지역의 新羅系 평기와 小考」, 『畿甸考古』5, 기전문화재연구원.
	김유식	2006	「6-8세기 新羅기와 硏究 檢討」, 『東岳美術史學』, 동악미술사학회.
		2010	「7~8세기 신라기와의 수급」, 『기와를 통해 본 고대 동아시아 삼국의 대외교섭』, 국립경주박물관.
	최여진	2007	「古新羅 蓮花文 瓦當의 形式과 系統」, 공주대학교대학원 석사학위논문.
	심광주	2008	「남한산성 출토 銘文瓦에 대한 일고찰」, 『목간과 문자』1, 한국목간학회.
	최영희	2010	「新羅 古式수막새의 製作技法과 系統」, 『韓國上古史學報』70, 한국상고사학회.
		2014	「新羅 造瓦用 打捺具에 대한 再檢討」, 『江原考古硏究』, 고려출판사.
		2014	「統一新羅式기와의 成立과 造瓦體制의 變化」, 『嶺南考古學』70, 영남고고학회.
	최태선	2019	「물질자료의 편년(기와)」, 『통일신라 고고학개론』, 중앙문화재연구원.
고구려기와 연구	최맹식	2001	「고구려 기와의 특성」, 『高句麗硏究』12, 고구려연구회.
		2008	「百濟와 新羅기와에 보이는 高句麗的 要素」, 『한국기와학회 학술대회 발표자료집』5, 한국기와학회.
	백종오	2001	「京畿北部地域 城郭 出土 高句麗 평기와 硏究」, 단국대학교대학원 석사학위논문.
		2003	「高句麗와 新羅기와 比較 硏究」, 『白山學報』67, 백산학회.
		2004	「臨津江 流域 高句麗 평기와 硏究」, 『文化史學』21, 한국문화사학회.
		2005	「南韓地域 高句麗 기와 製作方法 考察」, 『백산학보』72, 백산학회.

연구경향	저자	연도	제 목
고구려기와 연구	백종오	2005	「高句麗 기와 硏究」, 단국대학교대학원 박사학위논문.
		2006	「高句麗 國內城期 평기와 考察」, 『文化史學』24, 한국문화사학회.
		2006	「高句麗 기와의 發生과 形成 背景」, 『先史와 古代』24, 한국고대학회.
		2006	『고구려 기와의 성립과 왕권』, 학연문화사.
		2009	「高句麗 卷雲文 瓦當의 成立과 그 背景」, 『白山學報』83, 백산학회.
		2011	「韓國古代瓦當의 毁棄樣相 檢討」, 『韓國史學報』43, 고려사학회.
		2012	「高句麗 瓦當의 毁棄와 그 象徵的 意味」, 『한국고대사연구』66, 한국고대사학회.
		2013	「고구려 성곽 출토 문자기와:집안지역을 중심으로」, 『한국기와학회 학술대회 발표자료집』10, 한국기와학회.
	심광주	2004	「한강유역 출토 고구려 기와에 대한 연구」, 『한국 기와 연구의 회고와 전망』, 한국기와학회.
		2005	「南韓地域 出土 高句麗 기와에 대한 硏究」, 『한국기와학회 학술논집』1, 한국기와학회.
		2009	「고구려, 백제 평와의 제작기법 비교」, 『백제학보』2, 백제학회.
	김희찬	2005	「고구려 연화문와당에 반영된 연화의 형태적 특성」, 『고구려와당』, 경희대 중앙박물관.
		2006	「고구려 와당의 채색과 태토 색조 검토」, 『白山學報』74, 백산학회.
		2016	「고구려와당에 표현된 선각형 연화문에 대하여」, 『東아시아古代學』41, 東아시아古代學會.
	강현숙	2007	「고구려 고분 출토 와당의 변천 연구」, 『한국고고학보』64, 한국고고학회.
	양종현	2011	「평양출토 고구려수막새의 사용처 검토–테즈카야마대학박물관 소장품을 중심으로–」, 『기와의 생산과 유통』, 한국기와학회.

연구경향	저자	연도	제 목
고구려기와 연구	주홍규	2014	「고구려 기와의 분류와 특징에 관한 일고찰」, 『先史와 古代』41, 한국고대학회.
백제기와 연구	박용전	1970	「공주출토 백제와당에 대한 연구」, 『백제연구』1, 충남대학교 백제연구소.
		1976	「百濟瓦當의 體系的 分類」, 『百濟文化』9, 공주교육대학.
	장경호 최맹식	1986	「彌勒寺址出土 기와 등文樣에 對한 調査研究」, 『文化財』19, 문화재관리국.
	이남석	1988	「百濟 蓮花文瓦當의 一研究-公山城王宮址出土品을 中心으로-」, 『古文化』32, 한국대학박물관협회.
	윤근일	1990	「왕궁리유적 출토 막새의 편년에 관한 고찰」, 『청산김정기박사華甲기념논총』.
	최맹식	1989	「彌勒寺址 기와가마터 調査」, 『용암 차문섭교수 화갑기념 사학논총』, 단국사학회.
		1995	「百濟 평기와 製作技法 研究」, 『백제연구』25, 충남대 백제문화연구소.
		1999	『百濟 평기와 新研究』, 학연문화사.
		2001	「百濟 및 統一新羅 기와 文樣과 製作技法에 관한 研究」, 『湖南考古學報』13, 호남고고학회.
		2001	「風納土城 出土遺物의 性格-기와를 중심으로-」, 『風納土城의 發掘과 그 成果』, 한밭대향토문화연구소.
		2004	「三國 암막새의 始原에 관한 小考」, 『文化史學』21, 한국문화사학회.
		2006	『三國時代 평기와12 研究』, 학연문화사.
		2010	「漢城時期 百濟기와의 成立과 系統」, 『百濟瓦塼과 古代 東Asia의 文物交流』, 한국기와학회.
	김창호	1999	「익산 미륵사 경진명 기와로 본 고신라기와의 원향」, 『한국학연구』10, 인하대학교 한국학연구소.

연구경향	저자	연도	제 목
백제기와 연구	조원창	2000	「웅진천도후 백제와당의 변천과 비조사 창건와에 대한 검토」, 『영남고고학』27, 영남고고학회.
		2001	「熊津遷都後 百濟瓦當의 中國南北朝要素 檢討-北朝系 瓦當을 中心으로-」, 『百濟文化』30, 공주대백제문화연구소.
		2005	「百濟 瓦博士의 對新羅 · 倭 派遣과 製瓦術의 傳播」, 『한국상고사학보』48, 한국상고사학회.
		2008	「몽촌토성 출토 전 백제와당의 제작주체 검토」, 『先史와 古代』29, 한국고대학회.
		2008	「熊津~泗沘期 瓦當으로 본 高句麗 製瓦術의 百濟 傳播」, 『白山學報』81, 백산학회.
		2009	「백제 판단첨형식 연화문의 형식과 편년」, 『文化財』42-3, 국립문화재연구소.
	권오영	2001	「백제 전기 기와에 대한 신지견-화성 화산 고분군 채집 기와를 중심으로-」, 『百濟研究』33, 충남대백제연구소.
		2003	「漢城期 百濟기와의 製作傳統과 發展의 劃期」, 『百濟研究』38, 충남대백제연구소.
		2005	「漢城期 百濟기와 研究의 現況과 課題」, 『韓國 기와 研究의 回顧와 展望』, 한국기와학회.
	김인희	2002	「百濟 漢城期의 기와」, 숙명여자대학교대학원 석사학위논문.
	김성구	2004	『百濟의 瓦塼藝術』, 주류성
	송미진	2004	「順天 劍丹山城 출토 백제기와에 대한 고찰」, 『文化史學』21, 한국문화사학회.
	이다운	2004	「百濟瓦博士考」, 『호남고고학보』20, 호남고고학회.
	백종오	2005	「포천 자작리유적 출토 백제 한성기 기와 검토」, 『사학지』37, 단국사학회.
	정치영	2006	「漢城期 百濟 기와에 대한 연구」, 한신대학교대학원 석사학위논문.
		2007	「漢城期 百濟 기와 제작기술의 전개양상-풍납토성 경당지구 출토 기와를 중심으로-」, 『한국고고학보』63, 한국고고학회.

연구경향	저자	연도	제 목
백제기와 연구	정치영	2009	「百濟 漢城期 瓦當의 形成과 系統」, 『韓國上古史學報』64, 한국상고사학회.
		2010	「百濟 漢城의 瓦當과 瓦葺景觀」, 『中國 南北朝 建築文化와 百濟』, 호서고고학회.
		2011	「百濟 · 高句麗와 魏晉南北朝 製瓦術의 比較硏究」, 『중앙고고연구』8, 중앙문화재연구원.
		2012	「百濟 泗沘期 製瓦術의 系統적 배경」, 『백제 사비기 기와 연구』IV, 국립부여문화재연구소.
	소재윤	2006	「熊津 · 泗沘期 百濟수막새에 대한 編年 硏究-금강유역을 중심으로-」, 『湖南考古學報』23, 호남고고학회.
		2010	「백제 수막새 제작기법과 生産體制의 變化-풍납토성의 출토품을 중심으로-」, 『百濟學報』4, 백제학회.
		2013	「풍납토성 평기와의 제작공정에 따른 제작기법 특징과 변화」, 『야외고고학』18, 한국문화재조사연구기관협회.
		2017	「기와건물을 통해 본 풍납토성」, 『풍납토성-백제왕도 풍납토성 발굴 성과와 과제-』, 풍납토성 발굴 20주년 기념 국제학술대회 발표문.
	이주업	2008	「漢城期 百濟 평기와 製作技法에 관한 硏究-石村洞 4號墳 出土 평기와를 중심으로-」, 서울대학교대학원 석사학위논문.
	이병호	2008	「扶餘 陵山里寺址 出土 瓦當의 再檢討」, 『한국고대사연구』51, 한국고대사학회.
	백종오 한준형	2000	「果川 文原洞遺蹟 出土 百濟土器 · 기와類에 대하여」, 『京畿道博物館年報』4, 경기도박물관.
	최은영	2010	「百濟 熊津時代 蓮花文 瓦當에 대한 一考察」, 공주대학교대학원 석사학위논문.
	최인선	2010	「熊津時期 百濟기와의 特徵과 成立過程」, 『百濟瓦塼과 古代 東Asia의 文物交流』, 한국기와학회.
	윤용희	2010	「泗沘時期 瓦塼文化의 展開와 變遷過程」, 『百濟瓦塼과 古代 東Asia의 文物交流』, 한국기와학회.
	백종오	2010	「百濟 및 韓國古代瓦當의 比較硏究」, 『百濟瓦塼과 古代 東Asia의 文物交流』, 한국기와학회.
	김유식	2010	「百濟 瓦塼文化의 對外交涉」, 『百濟瓦塼과 古代 東Asia의 文物交流』, 한국기와학회.

연구경향	저자	연도	제 목
백제기와 연구	국립부여 박물관	2010	『百濟瓦塼』.
	김선기	2010	「미륵사지 출토 백제시대 암막새 연구」, 『고문화』76, 한국대학박물관협회.
	박원지	2011	「왕흥사 출토 수막새의 제작기술과 계통」, 『백제 사비기 기와 연구』III, 국립부여문화재연구소.
		2012	「百濟 泗沘期 기와의 需給體系–同笵수막새를 중심으로–」, 『백제 사비기 기와 연구』IV, 국립부여문화재연구소.
	문옥현	2011	「백제 왕흥사 기와의 공급 양상」, 『백제 사비기 기와 연구』III, 국립부여문화재연구소.
		2012	「百濟 泗沘期 기와 生産施設과 生産體制」, 『文化史學』38, 한국문화사학회.
	남호현	2012	「관북리 출토 와당의 조와배경 검토를 위한 예비작업」, 『백제 사비기 기와 연구』IV, 국립부여문화재연구소.
	김경애	2014	「百濟 漢城期 瓦의 規格化와 瓦葺樣相」, 충북대학교대학원 석사학위논문.
	박은선	2015	「익산지역 백제유적의 평기와 연구」, 충남대학교대학원 석사학위논문.
	홍지현	2021	「漢城期 百濟 수막새의 型式과 編年 硏究」, 서울시립대학교대학원 석사학위논문.
발해기와 연구	김희찬	2010	「발해 연화문 와당의 고구려 계승성 검토」, 『高句麗渤海硏究』36, 고구려발해학회.
		2010	「발해 인동문계 와당의 계통과 고구려 연관성 검토」, 『東아시아古代學』21, 동아시아고대학회.
		2010	「발해 연화문 와당의 문양 변화와 시기적 변천」, 『白山學報』87, 백산학회.
	최진호	2011	「渤海 수막새 기와의 特徵과 性格 硏究」, 단국대학교대학원 석사학위논문.
	백종오	2015	「渤海 기와 硏究의 推移와 몇 가지 斷想」, 『고구려발해연구』52, 고구려발해학회.
고려기와 연구	박은경	1989	「高麗瓦當文樣의 編年硏究」, 『考古歷史學志』4, 동아대학교박물관.
	최정혜	1993	「高麗時代 수막새에 대한 檢討–半球形 子房을 갖는 수막새를 중심으로–」, 『박물관 연구논집』2, 부산광역시립박물관.

연구경향	저자	연도	제 목
고려기와 연구	최정혜	1996	「高麗時代 평기와의 編年研究-文樣形態를 中心으로-」, 경성대학교대학원 석사학위논문.
		2020	「고려시대 일휘문막새의 출현과 전개」, 『한국기와학보』창간호, 한국기와학회.
	김병희	2001	「安城 奉業寺址 出土 高麗前期 銘文기와 研究」, 단국대학교대학원 석사학위논문.
	윤용희	2001	「南漢江地域 出土 高麗前期 평기와 考察-驪州 元香寺址 출토기와의 分析을 中心으로-」, 성균관대학교대학원 석사학위논문.
	김유식	2003	「선원사지 출토 고려후기 기와의 검토」, 『불교미술』17, 동국대학교 박물관.
	최영희	2003	「江原地方 高麗時代 평기와에 관한 研究」, 단국대학교대학원 석사학위논문.
	김태근	2003	「驪州 元香寺址 出土 막새瓦의 研究」, 동국대학교대학원 석사학위논문.
	고재용	2003	「高麗~朝鮮時代 평기와의 變遷過程 研究」, 숭실대학교대학원 석사학위논문.
	정성권	2003	「惠陰院址 出土 막새기와에 대한 考察」, 『文化史學』19, 한국문화사학회.
	최문환	2005	「파주 혜음원지 출토 막새기와 연구」, 단국대학교대학원 석사학위논문.
	정치영	2006	「고려~조선 전기 기와의 조달 양상」, 『고고학』5-2, 서울경기고고학회.
	이인숙	2007	「고려시대 평기와 제작기법의 변천」, 『고고학』6-1, 서울경기고고학회.
		2011	「高麗와 朝鮮時代 龍 · 鳳凰文 막새의 變遷」, 『경북대학교고고인류학과 30주년기념 고고학논집』, 경북대학교출판부.
		2020	「고려시대 막새 편년 시론」 -성주 법수사지 발굴조사 출토품을 중심으로-, 『한국기와학보』2, 한국기와학회.
	이호경	2007	「고려시대 막새기와의 제작기법 연구-중부지역 출토유물을 중심으로-」, 단국대학교대학원 석사학위논문.
	김기민	2008	「경남지방 고려기와 성립기의 양상과 그 특징」, 『문물연구』14, 동아문화재단.
	김지연	2010	「부산 · 경남지역 고려시대 평기와 연구」, 동아대학교대학원 석사학위논문.
	서창호	2010	「고려말 조선시대 암막새의 변천과정」, 『고고학』9-1, 중부고고학회.

연구경향	저자	연도	제 목
고려기와 연구	이재명	2010	「서부경남지역 출토 고려시대 평기와 제작기법 검토」, 『경남연구』3, 경남발전연구원 역사문화센터.
		2016	「경남지역 삼국~고려시대 평기와 연구」, 경상대학교대학원 석사학위논문.
	박종진	2011	「충청지역의 고려시대 평기와 연구」, 한남대학교대학원 석사학위논문.
	박동호	2011	「羅末麗初期 강원지방의 평기와 연구」, 관동대학교대학원 석사학위논문.
	박재현	2011	「서산 보원사지 출토 고려말~조선초기 막새기와의 문양 연구」, 한서대학교대학원 석사학위논문.
	윤나영	2011	「高麗와 朝鮮의 마루장식기와 硏究」, 홍익대학교대학원 석사학위논문.
	이수경	2011	「영산강유역 고려시대 평기와 연구」, 목포대학교대학원 석사학위논문.
	박성진	2012	「개성 고려궁성 출토 평기와 연구」, 동아대학교대학원 석사학위논문.
	차인국	2012	「全北地域 統一新羅~高麗時代 평기와 硏究」, 전북대학교대학원 석사학위논문.
	고정용	2012	「檀國大學校石宙善紀念博物館所藏の高麗梵字瓦」, 『문화사학』38, 한국문화사학회.
	이상규	2013	「고려~조선시대 梵字文 瓦當 연구」, 단국대학교대학원 석사학위논문.
	엄기표	2013	「高麗~朝鮮時代 梵字銘 기와의 제작과 미술사적 의의」, 『역사와 담론』71, 호서사학회.
	조원창	2013	「고려시기 잡상연구」, 『지방사와 지방문화』, 역사문화학회.
	한국기와학회 국립제주박물관	2020	『제주기와의 제 양상』.
	류환성	2020	「경주출토 고려시대 명문 평기와의 특징과 의의」, 『한국기와학보』2, 한국기와학회.
조선기와 연구	류양규	2002	「朝鮮 後期 宮闕 기와 硏究-龍文과 鳳凰文 막새를 중심으로-」, 동국대학교대학원 석사학위논문.
	장영기	2004	「조선시대 궁궐 장식기와 잡상의 기원과 의미」, 국민대학교대학원 석사학위논문.
	김성진	2005	「조선전기 경남지역 瓦窯 및 평기와의 전개양상」, 동아대학교대학원 석사학위논문.

<table>
<tr><th>연구경향</th><th>저자</th><th>연도</th><th>제 목</th></tr>
<tr><td rowspan="14">조선기와 연구</td><td>최문환</td><td>2011</td><td>「조선시대 기와 유통연구-가마의 위치와 운송을 중심으로」, 『사학지』42, 단국사학회.</td></tr>
<tr><td>이인숙</td><td>2012</td><td>「경복궁 출토 청기와의 제작 시기 및 사용건물 검토」, 『고고학』11, 중부고고학회.</td></tr>
<tr><td>김성구</td><td>2014</td><td>「조선시대의 마루기와와 그 특성」, 『한국기와학회 학술대회 발표자료집』11, 한국기와학회.</td></tr>
<tr><td>유가은</td><td>2014</td><td>「경복궁 출토 청기와 연구」, 서울여자대학교대학원 석사학위논문.</td></tr>
<tr><td>전영준</td><td>2014</td><td>「조선 전기 別瓦窯의 설치와 財政 運營」, 『장서각』31, 한국학중앙연구원.</td></tr>
<tr><td>손우철</td><td>2015</td><td>「조선시대 왕실기와의 연구」, 동아대학교대학원 석사학위논문.</td></tr>
<tr><td>손세영</td><td>2016</td><td>「조선시대 궁궐 잡상에 관한 연구」, 동국대학교대학원 석사학위논문.</td></tr>
<tr><td>윤여훈</td><td>2016</td><td>「楊洲 檜巖寺址 出土 朝鮮時代 瓦當 硏究」, 동국대학교대학원 석사학위논문.</td></tr>
<tr><td>김병주</td><td>2016</td><td>「조선시대 기와요(窯)의 전승 연구」, 명지대학교산업대학원 석사학위논문.</td></tr>
<tr><td rowspan="2">이현주</td><td>2016</td><td>「麗末鮮初 宮闕막새기와의 變化와 그 背景 硏究-磨硏技法을 中心으로-」, 용인대학교대학원 석사학위논문.</td></tr>
<tr><td>2020</td><td>「여말선초 궁궐 막새의 변화와 그 배경」, 『한국기와학보』창간호, 한국기와학회.</td></tr>
<tr><td rowspan="2">김하진</td><td>2019</td><td>「조선후기 번와소(燔瓦所)의 기와 생산체계와 제작기술」, 한국전통문화대학교대학원 석사학위논문.</td></tr>
<tr><td>2020</td><td>「한국 기와 제작 기술의 典型性에 관한 일고찰」-일제강점기 조업 사례를 중심으로-, 『한국기와학보』창간호, 한국기와학회.</td></tr>
<tr><td>한국기와학회·백두문화재연구원·양주시립 회암사지 박물관</td><td>2020</td><td>「양주 회암사지 기와 조선 500년을 덮다」.</td></tr>
<tr><td>가야기와 연구</td><td>한국매장문화재협회·국립김해박물관</td><td>2016</td><td>『기와, 공간을 만들다』.</td></tr>
</table>

2) 한강유역 고대 기와 연구의 흐름

다음은 위의 총괄적인 연구 현황 중에서 한강유역을 중심으로 한 삼국 기와의 연구에 대하여 살펴보자.

백제기와에 대한 연구는 백제가 한강유역을 점유한 시기에 축성한 몽촌토성과 풍납토성의 발굴 성과를 토대로 활발히 이루어졌다. 특히, 최맹식과 권오영, 정치영, 소재윤 등이 풍납토성 출토 기와를 대상으로 다양한 시각에서의 논문을 발표해 한성기 백제기와 연구의 초석을 놓았다.

최맹식은 자신의 백제기와 연구 성과를 집약하여 석 · 박사 학위논문에 이어 백제기와를 집대성한 단행본까지 출간하였다. 그는 기존의 무늬 중심 기와 연구에서부터 세밀한 제작방법상의 과정 및 형식 분석에 이르기까지 가히 백제기와 연구의 시금석을 놓았다고 해도 과언이 아니다. 특히 그의 초기 연구는 익산 미륵사지 기와 분석에서 시작하여 웅진, 사비기의 백제기와를 통해 삼국말 통일신라기와를 정리하였고 나아가 한성백제기의 기와 연구를 이어감으로써 백제기와의 시기별 연구를 집약하였다고 할 것이다.

권오영의 연구는 한성기 백제기와에 집중되어 있는데 그 분석의 틀은 다소 세밀하지 못해도 시대적 큰 틀에서의 한성기 백제기와의 특징을 잘 제시하여 연구의 방향성을 설정하는 데 큰 도움이 된다.

정치영은 시간적으로 권오영의 연구를 이어 기존의 막연했던 한성기 백제기와의 시대적 속성과 특징을 명확하게 정리하고 그 틀을 확고히 하였는데 다소 도전적인 그의 인식은 후학들에게 많은 시사점을 던져 준다. 특히 한성기 기와의 계통을 고구려나 중국 남북조 시기와도 끊임없이 비교한 그의 기와 연구는 한성백제기의 국제적 성격을 밝히는 부분에서 큰 도움을 주고 있다.

소재윤도 풍납토성 출토 기와를 중심으로 연구하였는데 풍납토성 출토 기와의 제작특징을 명확히 밝혀줌과 동시에 당시 풍납토성의 위격을 도성으로서 확고히 하는 데 방점을 두고 있다.

고구려기와 연구는 고구려가 백제의 수도인 풍납토성을 함락하고 한강 유역의 아차산 보루군 및 임진강 일대 보루군 등 중부지방에 폭넓게 형성한 보루 유적들에 관한 조사를 통해서 활발히 이루어졌다.

고구려기와 연구는 백종오와 심광주, 김희찬에 의해서 구체화되었다. 특히 백종오는 경기북부지역 성과에서 출토된 고구려 평기와를 분석한 석사학위 논문 이래로 꾸준히 연구의 외연을 확대하였으며 박사학위 논문으로 고구려기와를 집대성하여 그 경향을 주도하고 있다. 최근에는 연구의 공간적 범위를 동아시아 전체로 확장하였을 뿐만 아니라 사상사적으로도 깊이 있게 접근하며 연구의 차별화를 시도하고 있다.

심광주는 산성 발굴조사 경험을 토대로 한강 유역의 고구려 보루를 학계에 최초로 보고 · 정리하여 고구려성 연구의 시금석을 놓았다. 그중 연천 호로고루에서 출토된 고구려기와의 정리와 분석을 통해 고구려기와 연구의 새로운 분석 방향을 설정하기도 하였다.

김희찬은 고구려 막새를 연구하였는데, 주로 무늬 연구에 한정되어 있지만 북방과의 관련성을 꾸준히 모색하면서 고구려기와의 독창성을 확립하는 데 기여하고 있다.

백제기와나 고구려기와 연구에 비해 신라기와 연구는 미약한 형편이다. 허미형과 서봉수, 이혜빈, 이진호의 석사학위 논문 이외에 간간히 유적 소개 발표 및 논문 몇 편이 나왔을 뿐이다.

허미형은 하남 이성산성에서 출토된 막대한 양의 기와를 분류, 분석하여 하남 이성산성 기와가 통일신라기와임을 밝히고 기와의 자세한 특성을 정리함으로써 통일신라기와 연구의 본격적인 기반을 쌓았다. 하남 이성산성은 백제 왕성일 것이라고 기대하며 오랫동안 발굴을 진행하였던 곳이어서, 그곳에서 출토되는 기와를 신라 유물이라고 정의하는 것도 당시로서는 획기적인 일이었다.

서봉수 역시 포천 반월산성에서 출토된 기와를 고고학적 속성분석과 함께 통계학적 방법론을 이용하여 분류하고 대상 기와가 모두 6세기에서 9세기의 신라 유물임을 밝혔다. 하지만 구체적인 시기별 속성의 변화상에는 접근하지 못하고 통계적으로 기와의 제작과정상에서 남게 되는 속성의 평균치만 제시하는데 그치고 말았다. 그럼에도 특정 글자기와와 일부 축성기법 때문에 포천 반월산성을 고구려가 축조한 산성으로 추정하던 당시 상황에서 출토된 기와가 모두 신라기와임을 밝힌 과정은 허미형의 연구와 마찬가지로 쉽지 않았다.[3] 아무튼 나름 세분된 속성 관찰 방법을 적용한 측면에서 비록 다소 정제되진 않았어도 신라기와의 다양한 속성분류 기준과 방법론을 제시하였다고 할 수 있다.

최근 중부지역 일대에서 활발히 이어져 온 발굴조사, 특히 관방유적 조사에서는 그 양을 감당하기 힘들 정도의 수많은 신라기와와 함께 고구려, 백제기와가 다량 출토되어 이에 대한 연구자의 관심이 높아지고 있는 실정이다. 현재 시점에서 고구려, 백제, 신라기와에 대한 시대적 판단은 어느 정도 정리가 되었으나 아직도 각 시기에 대한 세부적인 편년안과 이에 대한 속성정리는 여전히 본격적으로 진행하지 못하고 있는 형편이다.

3) 고고학적 발굴조사는 조선시대 사관이 사초를 작성하는 자세처럼 냉철한 역사인식을 갖고 이루어져야 한다. 그럼에도 이성산성과 반월산성의 경우처럼 조사자가 여러 가지 이유로 선입견을 가지고 발굴에 임했을 때 후학이 감당하고 수정하는 일은 쉽지 않다. 하지만 이러한 시행착오는 오히려 우리들에게 좋은 교훈을 준다. 수십 년 전의 조사라고 치부할 것이 아니라 지금도 벌어질 수 있는 상황이기 때문이다. 그래서 문화재 발굴조사 기록은 또다른 사초이다.

Ⅱ. 유적 및 유물 분석

Ⅱ. 유적 및 유물 분석

이 장에서는 한강유역을 중심으로 한 신라기와의 역사적 성격을 살펴보고 한강유역 일대에 분포하고 있는 신라 및 통일신라 유적의 현황을 간략히 정리하였다. 이를 통해 신라유적의 분포적 특성과 함께, 기와가 집중 출토된 유적을 분석하고자 한다.

이들 유적 중 필자가 조사에 직접 참여한 바 있는 서울 독산동 유적, 인천 계양산성 유적, 포천 반월산성 유적을 대표 유적으로 선정하여 이곳에서 출토되어 보고된 기와들을 대상으로 유물 분석을 진행하기 위한 기준을 마련할 것이다.

1. 신라기와의 역사적 성격

1) 한강유역의 역사적 배경

한강은 예로부터 지리적인 위치의 중요성으로 인해 정치 · 군사 · 경제 · 문화적으로 중요한 입지조건을 가지고 있다. 한강유역은 선사시대 이래 많은 사람들이 삶의 터전으로 삼았던 곳이다. 이는 신석기시대부터 현재의 암사동 지역에 주거지가 형성되었고 청동기시대와 철기시대를 지나면서 한강변에서 내륙으로 주거지가 확대되고 있는 것에서 확인할 수 있다.

백제 · 고구려 · 신라가 정립하였던 삼국시기의 한강은 그 어떤 지역보다도 정치 · 군사적으로 중요한 지역이었다. 따라서 한강을 둘러싸고 삼국 간의 쟁탈전은 그 어느 때보다도 치열하게 전개되었다.

한강유역을 먼저 차지하고 자리잡은 세력은 백제였다. 백제의 한강유역 정착은 한강유역의 풍납토성과 몽촌토성, 백제고분 등을 통해 확인할 수 있다. 따라서 백제가 한강유역을 차지하고 있을 때에는 국가를 발전할 수 있는 토대가 되었지만 반대로 이 유역을 상실하였을 때에는 쇠퇴의 길로 접어들게 되었다. 백제가 한강을 확보하고 있을 때에는 남으로는 마한의 영토를 차지하고 북으로는 고구려의 평양성을 쳐들어갈 정도로 강성하였다. 하지만 이 지역은 고구려 입장에서도 한반도 남쪽으로 세력을 확장하기 위해서는 반드시 확보해야 하는 전략적 요충지였기에 양국 간에는 크고 작은 충돌이 많았다.

고구려 광개토대왕과 장수왕대에 이르러 한강유역은 고구려가 차지하게 되었다. 고구려가 427년(장수왕15)에 수도를 평양으로 옮긴 것은 백제와 신라에게 커다란 압박이 되었고 이는 곧 백제와 신라가 동맹을 맺어 고구려의 남진을 저지하고자 하는 노력으로 이어지게 되었다. 그럼에도 475년(장수왕63) 한강유역은 고구려의 영향권 내에 들어오게 되었다.

신라가 백제와 고구려에 이어 한강유역을 차지한 시기는 진흥왕대에 이르러서이다. 신라와 손을 잡은 백제가 551년 북진하여 고구려 점령하의 한강하류 6개 군을 점령하였다. 이때 신라도 남한강을 따라 내려오면서 죽령 이북과 철령 이남의 10개 군을 점령하였다. 즉, 신라와 백제가 연합하여 고구려를 물리치고 한강유역을 차지하게 된 것이다. 이후 신라가 백제와의 연합을 깨고 553년 백제의 한강하류 지역을 빼앗으면서 삼국 간의 세력균형은 무너지게 되었다. 한강유역에서 백제의 활동모습은 더 이상 볼 수 없게 되었고 신라는 한강유역을 확보하고 함경남도 남단까지 세력을 뻗쳐 전성기를 맞이하게 되었다. 더욱이 서해안 남양만의 당항성을 얻음으로써 중국과의 외교를 활발하게 전개할 수 있게 되었다.

통일신라시대 한강유역은 신라의 중심지가 한반도 동남부에 치우쳐 있어 정치적 중요성이 상대적으로 높지 않았다. 그러나 한강유역 일대에는 한주(漢州)와 삭주(朔州)를 설치하고 5소경 중 중원경(中原京)과 북원경(北原京)을 두었던 만큼 이 지역을 중요시하고 있었음을 확인할 수 있다. 그리고 당시 주(州) 단위로 지방군인 10정(停)을 설치하였는데, 지역이 가장 넓고 군사적으로 요지인 한산주(漢山州)에는 다른 주와 달리 남주정(南州停)과 골내근정(骨乃斤停) 2정을 배치하여 한강유역 일대를 담당하게 하였다.

한강유역은 삼국의 운명을 좌우할 정도로 정치 · 군사적으로 가장 중요한 지역이었다. 그리고 문화적인 면에서도 남북문화권의 경계지와 중국문화의 접촉지로서 중요한 역할을 담당하여 통일신라시대 문화 전성기의 전초지였다고 할 수 있다.(경기도박물관 2002: 285-290)

2) 신라의 기와 사용과 한강유역 진출

신라기와의 연구는 앞선 연구사 정리에서도 언급하였듯이 경주지역을 중심으로 활발히 진행되었다. 특히 2000년대 이후 평기와의 연구는 조성윤과 김기민을 중심으로 경주지역에 기와제작법이 언제 출현 또는 도입되어 정착되는가에 대한 정리가 이루어졌다.

조성윤(2000)은 신라기와의 변천과정을 도입기(6세기 중엽~말엽), 정착기(7세기초~중엽), 확산기(7세기 말 이후)로 구분하였다. 그에 의하면 도입기는 백제계 신라기와(통쪽와통)와 고구려계 · 백제계 수막새가 도입되는 단계이고 정착기는 신라고유의 원통형 와통이 출현하면서 이전 시기의 백제계 신라기와가 소멸하는 단계, 확산기는 원통형 와통만이 사용되고 막새 주연부에 연주문이 장식되는 수막새와 당초문 암막새가 등장하는 단계로 설정하였다.

김기민(2001)은 조성윤의 구분안을 좀 더 세분하여 총 5단계로 구분하였는데 1단계는 무와통제작법 전용 시기(6세기 전엽 이전), 2단계는 백제에서 수막새 제작법이 도입되면서 무와통제작법 평기와와 결합되어 제작되는 시기(6세기 전엽말~6세기 중엽초), 3단계는 백제에서 통쪽와통제작법이 도입되나 무와통제작법 기와가 아직은 주류인 시기(6세기 중엽), 4단계는 원통형 와통과 수키와 와통, 단판 줄무늬 두드림판이 등장하는 단계(6세기 후엽~7세기 전엽), 5단계는 완전한 원통형 와통제작법의 암키와와 통일신라의 전형적인 수키와, 중·복판 양식의 수막새가 정착하는 단계(7세기 중엽~8세기 이전)로 설정하였다.

이후 김기민·정원혁·조성윤은 공동연구를 통해 경주기와의 전개과정을 초창기-과도기-완성기로 정리하였고(한국기와학회·국립경주박물관 2018), 나아가 김기민(2019)은 최영희(2009)와 이인숙(2014)의 견해, 즉 통일신라기와의 정형이 해체되는 양상이 나타나는 소위 나말여초기 단계를 추가하여 총 4단계로 신라기와 제작법의 전개과정을 정리, 발표하였다. 1단계는 6세기 전반에서 6세기 후반에 해당하며 무와통제작법 및 통쪽와통제작법의 기와가 제작되는 시기, 2단계는 6세기 후반에서 7세기 후반으로 원통형와통제작법으로 제작법이 전환하고 단판 두드림판이 사용되는 시기, 3단계는 7세기 후반에서 9세기 전반으로 원통형와통제작법과 중판 줄무늬 두드림판이 사용되는 시기, 4단계는 9세기 중반에서 10세기 중반으로 원통형와통제작법과 중판 줄무늬 두드림판이 사용되면서 장판 두드림판이 일부 사용되고 기타 무늬대로 줄무늬에 'X' 무늬가 추가되거나 망무늬가 유행하며 내면 하단 조정방법으로 물손질이 출현하고 수키와 상단 모서리가 말각화되는 양상 등을 특징으로 삼고 있다.

경주기와의 전개과정은 크게 무와통제작법 → 통쪽와통제작법 → 원통와통제작법의 큰 흐름 속에 5세기 후반에서 6세기 전반부터 기와제작이 시작되는 것으로 판단되며 최근 월성 해자 출토 기와에 대한 검토에서도 이러한 양상이 파악되고 있다.(박정재 2020)

여기서 주목할 것은 기존 연구에서는 수막새의 무늬 형태와 수키와와의 접합 기법에서 백제나 고구려와의 연관성을 들어 백제계 또는 고구려계로 구분하고 신라기와의 개시기로 설정하는 경향이었으나 최근 김기민(2019)은 기와가 최초 제작될 당시에는 토기와 함께 제작되었을 가능성이 높기 때문에 무와통제작법이 신라 고유의 기와 제작법으로써 자생적인 제작법이었을 가능성을 제기하며 향후 토기 제작법과의 비교 연구가 중요함을 강조한 점이다.

이러한 맥락에서 한강유역을 중심으로 한 신라기와 연구에서도 고구려계나 백제계에 대한 논란이 있다. 이러한 경향의 특징은 지역을 막론하고 고구려나 백제의 기술적 요소가 관찰될 때 이를 도식적으로 적용한다는 것이다. 필자의 생각은 개별적인 기술적 요소가 과연 나라 간 교류나 영향에 의해서만 도입이 되는가에 의문이 있다. 즉 정치제도적 문물의 교류와 문화기술적 문물의 교류는 구분하여 생각해 볼 필요가 있다. 이는 중국-고구려-백제-신라-일본의 수직적 전파루트를 경계하고(최맹식 2006: 287-317), 수평적 차원에서 문화기술의 영향력을 충분히 고려해야 한다는 것이다. 앞서 김기민(2019: 91)은 그러한 차원에서 도입기라는 용어 대신 자생적 의미를 강조하여 출현기라는 용어를 제안한 것이라 생각한다.

또한 한강유역을 중심으로 한 지역에는 고구려의 정치, 군사적인 직접적 영향이 미치기 이전, 한성백제시기 단계에 이미 기와가 다양한 방법으로 사용되고 있었던 만큼(정치영 2006), 중국과의 관계까지 고려하여 오랜 기간에 걸쳐 기와가 제작, 사용되었다는 것을 염두에 두어야겠다. 따라서 한강유역을 중심으로 한 신라기와의 사용문제도 고구려계냐, 백제계냐의 단순논리보다는 복합적 상황을 고려해서 지역적 특성을 반영해야 한다고 생각한다.

다시, 한강유역으로 돌아와 보자.

신라는 진흥왕 12년(551)에 고구려의 남진기지라고 할 수 있는 충주를 확보하여 한강유역 진출의 교두보를 마련한다. 이후 이어진 공세로 고구려의 10군과 백제의 6군까지 점령하여 진흥왕 14년(553)에 드디어 한강유역까지 진출하게 된다. 한강유역을 점령한 신라는 곧바로 중부지역의 정치 · 군사적 거점인 신주(新州)를 설치하고 당항성을 통해 중국과의 독자적 외교권까지 갖추게 된다. 이어서 비렬홀주(比列忽州) 장악, 중원소경(中原小京) 설치, 신주 대신 북한산주(北漢山州)를 설치하는 등 일련의 과정을 통해 급속도로 한강유역을 포함한 한반도 중부지역의 지배권을 공고히 하게 된다.(『三國史記』 권 4, 진흥왕 14~18년조)

특히, 신라의 한강유역을 비롯한 경기도 지역 통치는 지금의 경기도 지역 안에 많은 성을 쌓은 후 그 성에 지방관인 군주, 당주, 도사를 파견하여 이루어졌다. 여러 성 중 하나에 군주가 중앙군과 지방군을 데리고 주둔하는 성을 주라고 하였다. 군주는 주에서 전쟁업무와 행정업무를 같이 처리하였고 다른 성에 파견된 지방관들의 우두머리였다.(강문석 2017)

신라는 6세기 중반 이후 한강유역을 점유하면서 지속적 통치를 위한 안정적 기반을 쌓아갔는데 그것은 군현제로 대변되는 지방제도의 완성으로 설명할 수 있다. 특히 한강유역 일대를 점령하면서 백제, 고구려와는 달리 이 지역을 거점화하면서 안정적인 통치 기반을 구축해 나갔다 할 것이다. 이러한 신라의 통치 방식은 신라성 구축이 곧 지방관이 파견된 통치의 거점이자 군사 거점으로서의 역할을 하는 거점성(據點城)으로서 곧 신라 성지가 군현의 중심지라는 것이다.(박성현 2010)

이는 신라 성지에서 출토되는 수많은 신라기와나 토기로도 입증된다.

특히 기와는 이러한 성격을 반영하는 적극적 유물인데 주지하다시피 고대로부터 기와의 사용은 엄격한 신분적 제약이 있었다. 불사, 신묘, 왕궁, 관부만이 기와를 사용할 수 있었으며 수많은 신라 산성에서 출토되는 기와는 곧 그곳이 신라의 관부임을 입증하는 결정적 증거들이다.

어쨌든 이 과정에서 신라는 많은 수의 유적을 한강유역에 남겼는데 대부분 산성 유적이고 일부 평지의 군사생활 유적이 있다. 지금까지 알려진 대표적인 군사생활 유적이 바로 서울 독산동 유적이다. 독산동 유적은 신라가 산성으로 본격적인 거점성을 운영하기 직전 교두보 또는 평지 거점으로 활용했을 가능성이 높은 유적이기 때문이다. 여기에서 출토되는 신라기와는 출토량이 수백 점에 불과하지만 관부의 주도하에 그러한 역할을 수행했음을 반증하는 것이다. 특히 이 유적에서 출토되는 기와는 그 다음 단계인 산성축조를 통한 거점성 확보 성격의 수많은 산성에서 출토되는 기와와는 무늬의 분포나 제작기법상에서 현저하게 차이가 나기 때문에 신라가 한강 유역에 처음 진출하여 본격적인 신라형식의 기와를 제작한 것으로 보인다.

이후 7세기에 접어들면서 신라는 본격적인 거점성 확보 및 성 운영에 들어간다. 그 이전 단계가 준비 단계였다면 이제는 본격화한 것이다.

3) 신라기와 출토 유적의 성격

기와가 출토되는 대다수 신라 성들이 신라의 군현제 실시와 함께 관부가 들어선 적극적인 유적들인 것과 달리 신라 유적이면서 기와는 출토되지 않는 유적들도 있다. 대표적인 유적이 용인 할미산성이다. 할미산성에서는 역시 6세기 중엽 신라가 한강유역을 차지한 이후 나타나기 시작하는 신라후기양식 토기가 몇 차례의 발굴조사를 통해 많은 양이 출토되었다.(한국문화유산연구원 2017)

할미산성 유적의 특이한 점은 토기 형식과 시기에 있어서 서울 독산동 유적과 유사한데 기와가 한 점도 출토되지 않는다는 것이다. 이와 관련하여 신라가 이 시기에는 기와를 사용하지 않았고 7세기 이후가 되어야 산성을 비롯한 대부분의 거점성 지역에 비로소 기와를 사용한 증거라는 견해(심광주 2019: 33)가 있지만 이는 서울 독산동 유적을 참고하면 인정하기 어렵다. 또한 다른 보고서에서 세부적인 편년안을 수립할 수 없었던 이유로 삼국말 통일신라로 분류된 기와들도 형식분류 결과, 충분히 6세기 후반으로 편년할 수 있는 기와들이 많다. 이는 이 글의 분석대상이 된 인천 계양산성과 포천 반월산성도 마찬가지이며 기타 유적 분석에서도 부분 입증하였다.

용인 할미산성 외에도 비록 본격적인 발굴조사가 이루어지지는 않았지만 지표조사 단계에서 신라토기만이 수습되는 유적들도 많다. 권순진(2007: 5-15)에 의하면 서울 대모산성, 서울 불암산성, 의정부 사패산 3보루, 남양주 국사봉 보루, 의정부 부용산 보루, 양주 천보산 3 · 5보루, 연천 수철성, 연천 초성리산성, 포천 고소성, 포천 주원리산성 등이다. 주로 신라 보루들이다.

그렇다면, 기와가 출토되지 않는 이들 유적들의 성격은 무엇일까? 성이나 보루의 개념 문제는[4] 차치하고서라도 아차산 일대 고구려 보루나 임진강 일대 고구려 보루의 예를 보자면 한두 개의 보루(홍련봉 제1보루, 호로고루, 당포성 등)에서만 기와가 집중 출토되고 나머지 전선상의 보루에서는 기와가 출토되지 않는 사례가 확인되고 있다. 이를 통해 이미 기와가 출토되는 보루가 일대 보루군 중에서 중심역할을 한 지휘소적 성격인 것은 각각의 보고서에서도 언급한 바이다.(고려대학교 고고환경연구소 2007: 194; 한국토지공사 토지박물관 2007: 297-304)

따라서 신라도 초기에 한강 유역에 진출하는 과정에서 안정적 관부 설치 이전 단계의 야전 전투 지휘체계에서 중심역할을 하는 곳과 그 산하의 지휘통제

4) 이에 대한 논의는 최근 이루어지고 있는데, 차용걸(고려문화재연구원, 2018, 「峨嵯山 일대 城堡 유적의 성격과 위상」, 『龍馬에 내린 高句麗』)이 역사적 연원과 함께 고구려, 백제의 예를 들어 논쟁의 필요성을 언급하였다.

하에서 연합전선을 펼치는 체제를 구축하였을 것이라 판단된다. 신라 관방유적 중 기와가 출토되지 않는 유적은 그러한 가능성을 염두에 두고 연구가 진행되어야 할 것이다. 이미 고구려가 전선 구축방식에서 아차산 일대나 임진강 일대 보루군에서 보여준 것과 같은 관점에서 신라의 관방유적도 이해해야 할 것이다.

2. 신라유적 현황

1) 한강유역 유적(관방유적을 중심으로)

한강유역에 분포하고 있는 수많은 신라 유적은 고분을 제외하고는 대부분 관방유적이다. 이들 관방유적은 신라의 한주 영역에 속하여 신라 군현에 비정되는 등 중요한 유적들이다.(박성현 2010: 259-262)

다음 표는 박성현과 권순진(2005: 18-46, 2007)의 연구를 토대로 수정, 편집하고[5] 일부 내용을 가감한 것이다.

5) 권순진은 이들 유적 외에 지표조사 결과를 바탕으로 서울 불암산성, 의정부 사패산 3보루, 남양주 국사봉 보루, 의정부 부용산 보루, 양주 천보산 3 · 5보루, 연천 초성리 산성, 포천 주원리 산성 등도 신라가 경기지역으로 북진하는 과정에서 축성한 석축산성으로 파악하였다. 이들 유적에서 공통적으로 기와조각이 한 점도 수습되지 않은 것은 흥미롭다.

표 2. 한강유역 신라 중요 유적 현황

번호	유적명	위치	현황	군현비정 (박성현)
1	성동리산성	포천시 영중면(고도 180m)	석축, 테뫼식(둘레 401m)	동음현(洞陰縣)
2	고소성	포천시 창수면	석축, 테뫼식(둘레 44m)	·
3	대전리산성	연천군 청산면 성재산 남서봉우리(고도 110m)	석축, 테뫼식	사천현(沙川縣)
4	군자산성	연천군 연천읍 군자산(고도 327m)	석축, 테뫼식(둘레 600m)	공성현(功成縣)
5	당포성	연천군 미산면	강안평지성, 석축	·
6	수철성	연천군 전곡읍	석축, 테뫼식(둘레 250m)	·
7	칠중성	파주시 적성면 중성산(고도 147m)	석축, 테뫼식(둘레 603m)	중성현(重城縣)
8	호로고루	연천군 장남면	강안평지성, 석축	·
9	파평산성	파주시 파평면 파평산(고도 495m)	·	파평현(波平縣)
10	덕진산성	파주시 군내면	복합식, 석축, 내성(둘레 600m), 외성(둘레 1,200m)	·
11	봉서산성	파주시 파주읍 봉서산(고도 215m)	석축, 테뫼식(둘레 600m)	봉성현(峯城縣)
12	반월산성	포천시 군내면 청성산(고도 283m)	석축, 테뫼식(둘레 1,080m)	견성군(堅城郡)
13	대모산성	양주시 어둔동 대모산(고도 210m)	석축, 테뫼식(둘레 1,400m)	내소군(來蘇郡)
14	오두산성	파주시 탄현면 오두산(고도 119m)	석축, 테뫼식(둘레 1,200m)	교하군(交河郡)
15	동성산고성	김포시 하성면 동성산(고도 113m)	석축, 테뫼식(둘레 441m)	동성현(童城縣)
16	고봉산성	고양시 일산동구 고봉산(고도 208m)	석축, 테뫼식	고봉현(高烽縣)
17	퇴뫼산성	남양주시 진접읍 퇴뫼산(고도 370m)	석축, 테뫼식(둘레 625m)	황양현(荒壤縣)
18	대릉리토성	김포시 대곶면 수안산 동남사면	토축(둘레 1,340m)	술성현(戌城縣)
19	수안산성	김포시 대곶면 수안산(고도 146m)	석축, 테뫼식(둘레 685m)	술성현(戌城縣)
20	북성산성	김포시 북변동 장릉산(고도 150m)	석축, 테뫼식(둘레 2,659척)	김포현(金浦縣)

번호	유적명	위치	현황	군현비정 (박성현)
21	행주산성	고양시 덕양구 덕양산(고도 124m)	석축+토축, 테뫼식(둘레 1,038m)	우왕현(遇王縣)
22	양천고성	서울시 강서구 가양동 궁산(고도 74m)	석축, 테뫼식(둘레 726척)	공암현(孔巖縣)
23	계양산성	인천시 계양구 계양산 동봉우리(고도 203m)	석축, 테뫼식(둘레 1,160m)	장제군(長堤郡)
24	문학산성	인천시 미추홀구 문학동 문학산(고도 232m)	석축, 테뫼식(둘레 577m)	소성현(邵城縣)
25	서울독산동	서울시 독산동	조사면적 36,053㎡	·
26	호암산성	서울시 금천구 시흥동 호암산(고도 347m)	석축, 테뫼식(둘레 1,250m)	곡양현(穀壤縣)
27	아차산성	서울시 광진구 아차산(고도 203m)	석축, 포곡식(둘레 1,038m)	한양군(漢陽郡)
28	이성산성	하남시 춘궁동 외 이성산(고도 209m)	석축, 포곡식(둘레 1,665m)	한주(漢州)
29	대모산성	서울시 강남구 대모산(고도 293m)	석축, 테뫼식(둘레 567m)	·
30	남한산성	광주시 남한산성면	석축, 둘레 9,050m	·
31	부용산성 (신원리성)	양평군 양평읍 부용산(고도 365m)	석축, 테뫼식(둘레 543m)	빈양현(濱陽縣)
32	파사성	여주시 대신면 파사산(고도 230m)	석축, 테뫼식(둘레 936m)	소(근)천군 (泝(近)川郡)
33	북성산성 (신지리성)	여주시 능서면 북성산(고도 275m)	석축, 테뫼식(둘레 1,150m)	황효현(黃驍縣)
34	효양산성	이천시 부발읍 효양산(고도 188m)	토축, 둘레 1,200m	·
35	설봉산성	이천시 관고동 설봉산 북동봉우리(고도 325m)	석축, 테뫼식(둘레 1,079m)	황무현(黃武縣)
36	설성산성	이천시 장호원읍 설성산(고도 290m)	석축, 포곡식(둘레 1,112m)	음죽현(陰竹縣)
37	망이산성	안성시 일죽면 망이산(고도 472m)	복합식, 토축(둘레 250m)+석축(둘레 2,080m)	·
38	죽주산성	안성시 죽산면 비봉산 동남봉우리(고도 250m)	석축, 테뫼식+포곡식(둘레 1,322m)	개산군(介山郡)
39	비봉산성	안성시 명륜동 비봉산(고도 229m)	복합식, 석축, 테뫼식(둘레 714m) 축성 후 증축	백성군(白城郡)
40	무한성	안성시 양성면 고성산(고도 294m)	석축, 테뫼식(둘레 680m)+포곡식	적성현(赤城縣)

번호	유적명	위치	현황	군현비정 (박성현)
41	비파산성	평택시 안중읍 비파산(고도 102m)	토축, 둘레 1,622m	·
42	자미산성	평택시 안중읍 자미산(고도 110m)	석축, 테뫼식(둘레 582m)	거성현(車城縣)
43	요리산성	화성시 향남읍	평산성, 토축, 둘레 2,311m	·
44	무봉산성	평택시 진위면 무봉산(고도 208m)	석축, 테뫼식(둘레 255m)	진위현(振威縣)
45	독산성	오산시 지곶동 독성산(고도 208m)	석축, 테뫼식(둘레 1,400m)	수성군(水城郡)
46	할미산성	용인시 포곡읍 할미산(고도 349m)	석축, 테뫼식(둘레 660m)	거칠현(巨柒縣)
47	성태산성	안산시 일동 성태산(고도 160m)	석축, 테뫼식(둘레 372m)	장구군(獐口郡)
48	군자산성	시흥시 군자동 군자봉(고도 187m)	토석 혼축, 테뫼식(둘레 400m)	장구군(獐口郡)
49	목내동성	안산시 목내동과 초지동 사이 야산	토축	장구군(獐口郡)
50	성곡동성	안산시 성곡동 해봉산(고도 48m)	석축, 테뫼식(둘레 360m)	장구군(獐口郡)
51	당성	화성시 남양읍 구봉산(고도 165m)	복합식, 석축(둘레 400~500m) + 토축(둘레 1,148m)	당은군(唐恩郡)

총 51곳 유적 중에서 본격적인 발굴조사가 진행된 곳은 20여 곳에 이른다. 많게는 10여 차례 조사가 진행된 하남 이성산성을 비롯하여 대부분이 2~3회의 조사가 이루어졌으며 이를 통해 신라 관방유적의 군현적 성격이 많이 밝혀졌다고 생각한다.

이들 유적 중에 백제가 처음 쌓은 토성으로는 고소성, 효양산성, 요리산성, 망이산성, 자미산성, 무성산성 등이 있고 고구려가 처음 쌓은 산성으로는 호로고루, 당포성 등이 있지만 대부분은 신라가 경기지역에 진입한 후 철저한 지방 거점화를 위해 축성하고 운영한 것들이다.

한편, 일각에서는 경기지역의 석성 일부를 백제가 처음 쌓은 후 신라가 운영한 것이라 주장하기도(서영일 2005) 하지만 필자를 비롯한 대부분의 다른 의견은 백제 토기가 출토되는 시기와 석성이 축조되는 시기를 구분하여 판단하여야 한다는 것이다.(심광주 2004a: 74-79; 김영 2010; 박성현 2010: 57)

또, 이들 유적 중에서는 신라기와가 집중 출토되는 유적이 대다수이며 기와가 출토되지 않는 유적들도 있다. 이들 유적의 성격에 대해서는 논의가 부족한 형편이지만 필자는 집중적으로 출토되는 기와를 해당 유적에 신라의 관부가 들어섰음을 알려주는 적극적인 증거로 보고자 한다.

이는 앞서 언급했듯이 기와가 출토되는 유적은 왕궁, 관부, 사찰, 신묘로 추정할 수 있다는 사료적 근거로도 증명되며 신라가 한강유역을 차지함과 동시에 적극적으로 점령하고 영역 지배를 시도하는 과정(박성현 2010: 155-157)에서 취해야 할 당연한 조치였을 것이다. 따라서 그림에서 보는 바와 같이 신라의 거점성들은 면 단위로 넓게 분포하여 백제가 풍납토성과 몽촌토성을 중심으로 점 단위 분포를 보이고 고구려가 임진강과 한강 일대에서 선 단위 분포를 보이는 것과는 분명 차이가 난다고 할 것이다.

한편, 위에 열거한 신라 유적들을 운영한 시기는 신라시기라는 큰 틀 속에서도 초기 정착단계, 통일과정 단계, 통일 후 안정화 단계, 통일 해체 단계 등 네 단계로 구분하여야 한다고 생각하나 이 구분은 성곽 등 다른 분야의 연구를 기대해야 할 것 같다.

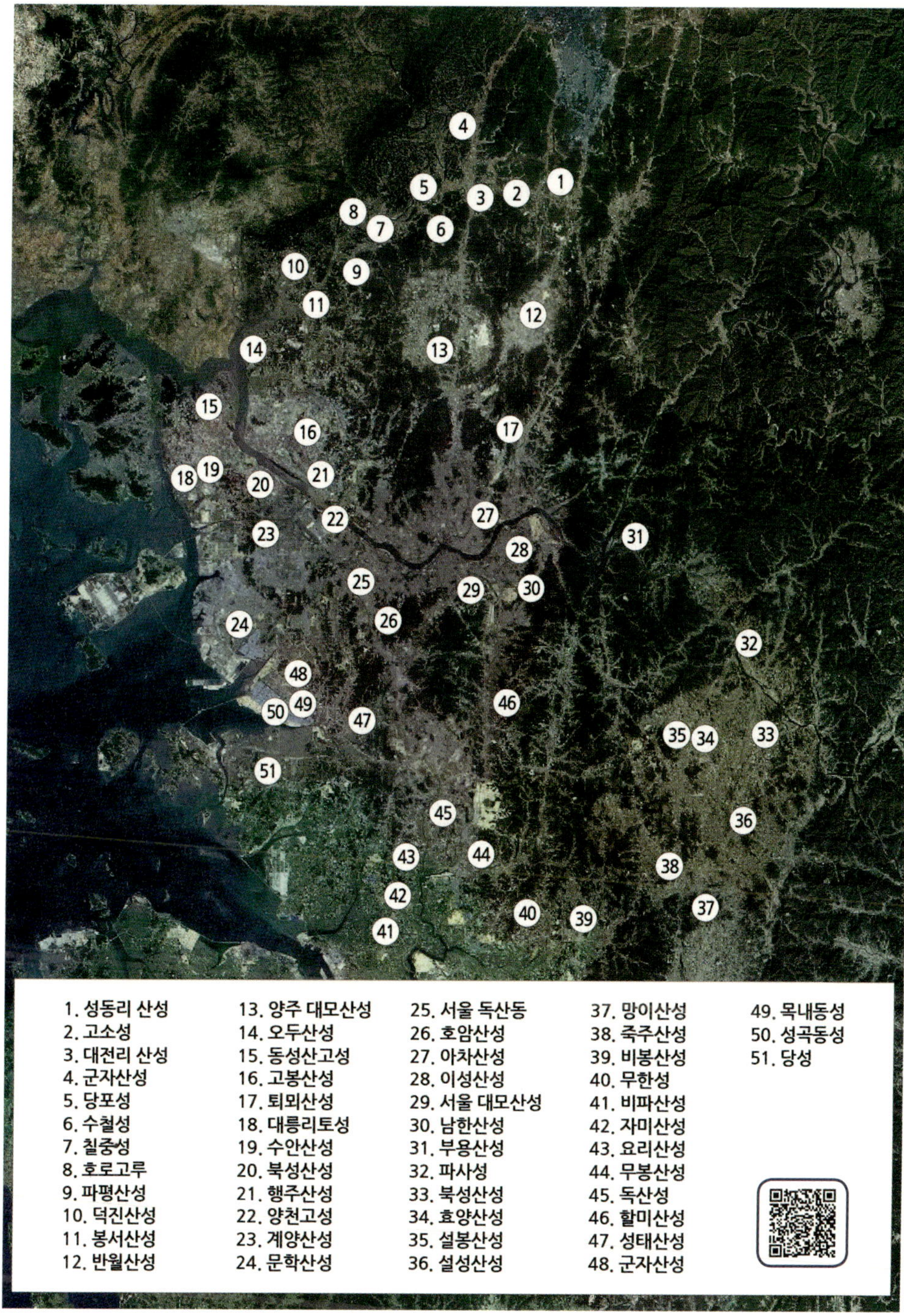

그림 1. 한강유역 신라 주요 관방유적(스카이뷰 이미지 출처 : 카카오맵 스카이뷰(https://map.kakao.com) 이 이미지는 카카오맵의 실제 서비스 이미지와 다를 수 있습니다.)

한편, 발굴조사가 진행된 대부분의 한강유역 유적에서는 통일신라시대의 기와가 주류를 이루어 출토되는 상황이다. 출토되는 기와들 중 일부가 통일신라시대보다 앞선 단계인 삼국 시기로 추정할 수 있는 기와들과 나말여초로 구분되는 기와들이다. 하지만 대다수의 발굴 보고서에서는 이에 대한 명확한 시기별 구분을 진행하지 못하고 있는 것도 현 상황이다.

따라서 이 장에서는 발굴조사된 신라 유적 중에서 기와가 전 시기에 걸쳐 집중출토되거나 한 시기를 특정지을 수 있는 특징을 갖춘 유적 세 곳을 선정하여 속성 분석하고 대상 유적에서 기와가 시기별로 어떻게 구분지어질 수 있는지 살펴보고자 한다.

2) 분석 대상 유적

그림 2. 분석 대상 유적 위치도 (스카이뷰 이미지 출처 : 카카오맵 스카이뷰(https://map.kakao.com) 이 이미지는 카카오맵의 실제 서비스 이미지와 다를 수 있습니다.)

분석 대상이 된 유적은 서울 독산동 유적을 비롯하여 인천 계양산성 유적, 포천 반월산성 유적이다.

이들 대상유적이 한강유역 출토 신라시기 기와를 완벽하게 대변할 수는 없을 것이다. 하지만, 앞서 언급했듯이, 서울 독산동 유적은 한 시기를 특정지을 수 있는 특징을 갖추었으며 인천 계양산성 유적과 포천 반월산성 유적은 신라 전 시기에 걸쳐 기와가 출토되고 있어 전반적인 상황을 파악할 수가 있어 중요한 선정기준이 되었다. 한편, 이 유적들은 필자가 직접 조사에 참여한 유적이라는 점에서도 분석의 용이함이 전제되었다.

이들 유적에서 도출된 결과는 한강유역 다른 유적에서 출토된 신라기와들의 성격이나 시기를 판단하는 기준이 될 것이며 차후 계속적인 비교 검토를 통해 보완되어 나갈 것이다.

세 유적의 자세한 조사현황은 다음과 같다.

(1) 서울 독산동 유적(겨레문화유산연구원 2016)

(재)겨레문화유산연구원에서 2011년 10월부터 2013년 11월까지 발굴조사하였다. 총 발굴면적이 36,053m²에 달한다. 유적은 서울 금천구의 남서부인 독산동 441-6번지 일원으로 안양천에 인접한 해발 11~14m 내외의 범람원에 자리한다. 서쪽으로 안양천이 흐르고 동쪽으로는 관악산이 위치한다. 안양천은 조선시대에 대천(大川)이라 하였으며 과천에서 발원하여 안양과 광명을 거쳐 서울로 유입되므로 한강하류지역인 서울 · 경기지역을 남북으로 관통하는 중요한 교통로의 역할을 수행하였다.

유구는 동-서 방향과 남-북 방향의 격자형으로 연결되는 삼국시대 도로유구 7기, 도랑유구 58기, 땅위건물터(지상식건물지 地上式建物址) 101기, 구덩이건물터(수혈건물지 竪穴建物址) 24기, 기둥구멍떼(주혈군 柱穴群) 45기, 우물 4기, 저수시설 2기, 굽기유구(소성유구 燒成遺構) 6기, 구덩이유구(수혈유구 竪穴遺構) 30기와 삼국시대 이후로 판단되는 구덩이건물터 1기, 주춧돌건물터(초석건물지 礎石建物址) 4기, 석렬유구 1기, 경작유구 2기, 기둥구멍떼 1기, 도랑유구 2기, 수레바퀴자국 5기, 구덩이유구 7기 등이다.

특히 주목되는 도로유구는 동-서 도로의 전체길이가 286.4m에 달하고 남-북 방향의 도로는 동-서 도로의 양 끝단에서 'T'자형의 교차로를 이루며 연결되고 140m의 등 간격을 이루는 남-북 내부도로 1개소가 확인되었다. 남-북 도로는 동쪽 구역에서 47m 내외, 서쪽에서 155m 내외가 잔존한다. 도로는 일반적인 신라 도로와 달리 노면에 자갈을 깔지 않고 사질토를 깔아 축조하였으며 노면의 가장자리에 중복된 수레바퀴자국이 선명하다. 노면 양측으로는 배수시설인 옆도랑(측구 側溝)이 설치되어 있다. 건물터는 대부분 백이기둥(굴립주 掘立柱) 건물터로 증·개축으로 인해 중복된 양상을 보인다.

유물은 6세기 후반에서 7세기 전반으로 편년할 수 있는 신라 토기와 기와 등이 출토되었다.

토기류는 굽다리접시(고배 高杯), 찻종(완 碗), 항아리(호 壺)가 가장 많이 출토되었으며, 그 외에도 뚜껑(개 蓋), 그릇 몸체가 편평한 굽다리접시류(대부평명 臺附平皿), 굽다리사발(대부완 臺附碗), 시루, 바리(발 鉢), 동이, 손잡이류(파수 把手), 잔(배 盃), 병(甁), 그릇받침(기대 器臺) 등 다양하다.

발굴보고에서는 시대적 변화상을 잘 나타내는 표지적 유물인 뚜껑과 굽다리접시류를 중심으로 유적의 시기를 가늠해 보았는데, 뚜껑은 그릇의 형태가 반구형에 드림부가 '복(卜)'자형인 것이 확인되고 있으며, 신라후기양식토기 중 통일기 토기의 요소로 확인되는 그릇의 형태가 볼록형(凸자형)이며 드림부가 '입(入)'자형인 뚜껑은 확인되지 않는다. 또 뚜껑에서 확인되는 꽃도장무늬(인화문 印花文)는 초기 단계의 그은 무늬로 세모엇댄줄무늬(삼각집선문 三角集線文)와 반원점무늬가 확인되며, 그 외의 꽃도장무늬는 확인되지 않고 있다.

굽다리접시는 꽃도장무늬토기 없이 신라후기양식토기 굽다리접시 중 짧은 굽다리접시(단각고배 短脚高杯)만이 확인된다. 특히 굽구멍(투창 透窓)의 배치가 일정치 않고 완전히 굽구멍이 뚫리지 않은 것도 있는 것으로 보아 왕경 출토 토기에 비해 정형성이 떨어지는 양상인데 이러한 특징은 굽다리접시의 지역화와 신라후기양식토기 단계로 넘어오면서 굽다리(대각 臺脚)가 점점 짧아지고 굽구멍이 형식화되는 과정에서 발생한 것으로 보인다. 또한 꽃도장무늬가 있는 굽다리사발도 확인되지 않았다.

토기 중 턱덧댄긴목굽다리항아리(부가구연대부장경호 附加口緣臺附長頸壺)는 6세기부터 출토되는 그릇종류로 통일기가 되면 꽃도장무늬가 베풀어지고 몸통이 납작해지면서 턱덧댄긴목굽다리병(부가구연대부장경병 附加口緣臺附長頸甁)으로 변화하기 때문에 한강유역의 턱덧댄긴목굽다리항아리가 존속된 기간은 6세기 중반부터 7세기 중반까지로 볼 수 있는데(강진주 2007), 독산동 유적에서 출토된 긴목항아리(장경호 長頸壺)의 경우 밑부분과 그릇다리 조각이 부착된 것은 출토되지 않았지만 아가리와 몸통의 형태가 턱덧댄긴목굽다리항아리임은 틀림없는 것으로 보인다.

이렇듯, 독산동 유적 출토 토기류에서는 통일기 이후의 신라토기 양식이 발견되지 않는 것으로 보아 유적의 중심시기를 신라가 한강유역에 진출한 이후인 6세기 후반에서 삼국통일 직전 무렵인 7세기 전반에 해당하는 것으로 판단하였다.(겨레문화유산연구원 2016: 571-582)

한편, 독산동 유적에서 출토된 기와류에 대한 분석결과에서는 신라 전통의 8엽 연꽃무늬 수막새를 비롯하여 줄무늬(선문 線文)와 민무늬(무문 無文)의 평기와가 대부분인 점, 줄무늬 평기와에 단판으로 두드린 점, 동일한 와통에 두 종류의 베만을 사용한 점, 동일한 분할형태가 나타나는 점, 대부분의 평기와가 1㎝ 안팎의 얇은 두께로 만들어진 점 등의 속성결과를 나타내고 있다. 이로 보아 통일신라기에 나타나는 한강유역 출토 기와보다는 한 시기 앞선 속성들을 지닌 것으로 판단하였다.(겨레문화유산연구원 2016: 582-591) 이에 대한 자세한 내용은 유물분석에서 이루어질 것이다.

이러한 내용을 종합해 볼 때, 이 유적은 신라가 한강유역으로 진출(553년)한 이후로부터 통일기 이전까지 형성, 유지된 대표적인 유적으로 판단되며 본 연구에서 한강유역 신라기와 편년의 기준적 역할을 할 것이다.

(2) 인천 계양산성 유적(이형구 2001; 선문대 고고연구소 2008; 겨레문화유산연구원 2011, 2016, 2017)

선문대학교 고고연구소에서 2000년에 정밀 지표조사한 데 이어, 2003년 · 2005년 · 2006년에 3차에 걸쳐 각각 성벽 일부구간, 추정 동문터 및 물저장고(집수정 集水正), 추가 물저장고에 대한 발굴조사가 이루어졌고, 2009년에 (재)겨레문화유산연구원에 의해 추정 북문터와 성가퀴터(치성지 雉城址) 성내 건물터에 대한 시 · 발굴조사가 진행되었다. 이어 2013년과 2014년의 2년 동안 5 · 6차에 걸쳐 북문터 일대의 건물터 등을 조사하였다. 또한, 2015년에도 추정 성가퀴 2개소를 비롯한 성벽, 건물터 등이 조사되어 그 결과가 발표된 바이다.

계양산성은 한반도의 중부 서해안 지역인 인천광역시 동북부에 해당하는 계양산 정상(395m)에서 동쪽으로 뻗은 중봉(202m) 쪽 남동 방향으로 능선을 따라 연결된 성벽으로 평면 형태는 북서-남동방향으로 길게 늘어진 형태이다. 전체 둘레 1,184m에 이르는 테뫼식 산성이다.

유적의 동북쪽으로는 한강유역의 김포평야가, 남서쪽으로는 서해의 관문이라 할 수 있는 인천항과 연결되는 통로로서 서울과 인천을 연결하는 교통의 요충지에 위치한다고 할 수 있다.

선문대학교에서 진행한 1~3차 발굴조사에서 주목되는 것은 성벽조사와 물저장고 발굴인데, 성벽 축조기법이 협축에, 외벽의 2단 보축과 함께 내벽의 뒤채움 방식이 판축식 진흙다짐기법이라는 점, 제1물저장고의 평면형태가 상원하방형인 것과 바닥층(Ⅶ층)에서 출토된 둥근바닥짧은목항아리(원저단경호 圓底短頸壺)의 제작기법, 출토 기와의 제작기법상에 보이는 일부 속성, 둥근바닥짧은목항아리와 같은 층위에서 출토된 위진남북조 시기 유행한 서체(사경체 寫經體) 목간의 출토, 목간 출토 층위 목제 시료의 AMS결과 등을 토대로 4~5세기대 한성백제 시기에 처음 축조된 석축산성으로 추정하고 있는 것이다. 하지만, 성벽 축조기법이나 둥근바닥짧은목항아리의 해석, 목간의 시기에 대한 해석에서 고고학계나 목간학회에서는 신라의 것으로 보는 등 논란의 여지가 많다.

(재)겨레문화유산연구원에서 진행한 4차 발굴조사에서는 북문터와 내부통로, 기단 보축시설, 성가퀴 및 내부 건물터의 유무조사가 진행되었다. 이를 통해 북문터의 평면형태가 2차에 걸쳐 변화한 양상, 기단보축이 1차 단면 삼각형에서 변화를 보인 점, 목책 축조기법의 성가퀴 존재를 확인한 점, 내부 건물터가 북문터를 중심으로 좌우에 걸쳐 확인되는 점 등의 성과를 보여주었다.

특히, 출토된 유물에 대한 고고학적 속성분석 결과가 주목되는데, 출토된 토기류는 굽다리접시, 뚜껑, 굽다리사발, 찻종, 병, 호, 동이, 접시, 시루, 손잡이 등 10여 종으로 그 중심 사용시기는 통일신라시대로 설정하였다. 기와 역시 신라가 한강유역을 점유한 후 통일기 초반에 이르기까지 조성한 1단계로부터 통일 후 안정기에 조성된 2단계, 통일신라 후반에서 고려 초까지 넘어가는 3단계로 시기를 설정하였다.

토기는 제작기법을 통해 비교적 연대추정이 가능한 굽다리접시에 대한 분석이 주목된다. 한줄구멍굽다리접시(1단투창(투공)고배 一段透窓(透孔)高杯)

와 짧은굽다리접시의 경우, 방형과 타원형의 굽구멍을 밖에서 안으로 뚫어 점토가 밀린 자국이 관찰되고 굽구멍이 점차 소멸해 형식상의 자국만 남아 있는 경우도 확인되는 점, 굽구멍 아래로 낮은 돌대 혹은 침선이 장식적 요소로 함께 남아 있는 경우도 있는 점, 굽다리의 높이가 모두 3㎝ 미만의 낮은 편인 점 등을 들어 굽다리가 짧아지는 6세기 중엽 이후의 신라후기양식으로 편년하였다. 더불어, 완형으로 출토된 뚜껑있는짧은굽다리접시(유개식단각고배 有蓋式短脚高杯)의 경우 그릇 몸통과 굽다리의 비율이 1:1.5가 넘고 안턱이 안쪽으로 기울어지면서 뚜껑받이턱이 수평상으로 짧게 벌어지는 점, 굽다리바닥이 바깥쪽으로 약하게 벌어지고 땅에 닿는 면은 납작하게 처리한 점 등으로 보아 짧은굽다리접시 중에서도 비교적 늦은 시기에 해당하는 것으로 보았다.

이러한 결과를 바탕으로 조사단은 돋을띠가 돌려진 한줄구멍굽다리접시와 함께 출토된 뚜껑편이 단추형 꼭지 아래 찍은 원무늬와 그은 세모엇댄줄무늬가 새겨진 것으로 미루어 신라가 한강유역에 진출하여 점유한 시기(553년)인 6세기 중엽으로 편년하였다. 또한, 통일기를 전후하여 나타나는 짧은굽다리접시, 굽다리사발, 꽃도장무늬가 베풀어진 볼록형 뚜껑류와 같은 유물이 가장 많이 출토되어 중심시기는 6세기 후반부터 8세기 중엽까지 이어질 것으로 보았고 줄무늬병과 물결무늬가 베풀어진 큰항아리 등으로 미루어 9~10세기에도 이어지며 바닥이 평평한 병 및 자라병 등의 존재로 보아 고려 전기까지 계양산성 출토 토기유물의 하한을 고려하였다.

한편, 기와는 그 분류기준을 명확히 제시하고 나름의 기준에 따라 분석을 시도하였는데, 줄무늬계통을 중심으로 격자무늬, 솔잎무늬(수지문 樹枝文, 어골문 魚骨文), 복합무늬(복합문 複合文) 등의 무늬 구성과 함께, 일부 통쪽 와통을 비롯한 원통형 와통의 내면 형태, 다양한 측면 분할 형태, 내림면 무늬의 존재 등의 복합적 상황을 고려하여 앞서 말했듯이 신라가 한강유역을 점유한 6세기 중엽 이후부터 고려 초까지 3단계에 해당하는 것으로 파악하였다. 1단계는 꼰무늬(승문 繩文)와 줄무늬가 두드려진 일부 적색 기와 및 의미를 알 수 없는 글자기와(명문기와 銘文瓦)가 해당하며 2단계는 가장 많이 출토된 줄무늬와 격자무늬 기와가 해당한다. 마지막 3단계는 '주부토(主夫吐)' 등의 글자가 두드려진 기와와 함께 솔잎무늬와 복합무늬가 두드려진 기와이다.

종합적으로 보면, 계양산성은 신라가 한강유역을 점유한 이후 통일신라 전반에 걸쳐 비중있게 사용한 산성임은 분명하다.

(3) 포천 반월산성 유적(단국대학교 매장문화재연구소 2004b)

단국대학교 사학과 및 중앙박물관, 매장문화재연구소가 1995년부터 2001년까지 총 6차례에 걸쳐 정밀발굴조사를 진행하였다. 각각의 관련 보고서가 출간된 바 있지만 2004년에 이를 모두 종합한, 보고자의 의견대로 전면적인 수정을 거친 최종견해 보고인, 보고서가 출간되었기에 이를 기준으로 내용을 정리하였다.

반월산성은 현 포천 시가지로부터 약 2㎞ 떨어진 구읍리 산 5-1번지 일대에 위치한다. 산성은 구읍리와 상성북리 및 하성북리에 걸쳐 있는 청성산(283.5m) 정상을 1,080m에 걸쳐 둘러싸고 있는 테뫼식 산성으로 그 형태가 동-서를 장축으로 하는 반월형에 가까워 반월산성이라 불린다. 반월산성의 동쪽과 서쪽은 험준한 산맥으로 차단되었고 평야의 한 중앙에 위치하여 사방을 조망할 수 있는 유리한 위치를 점하고 있는데 조선시대에도 한양에서 함흥으로 가는 관북로가 통과하던 교통로상에 있어 교통의 요지라고 할 수 있다.

1차 발굴조사는 1995년으로 장대터 및 현 헬기장 주변의 건물터, 서성가퀴 및 북문터와 성벽의 규모를 조사하였다. 장대터에서 3동의 건물터가, 헬기장 주변 건물터에서 3~4동의 건물터, 그 외 서성가퀴와 암문의 성격인 북문터가 발굴되었다. 출토유물로는 '마홀수해구초(馬忽受蟹口草)' 글자기와를 비롯하여 줄무늬와 격자무늬, 추상무늬 계통의 무늬가 두드려진 다양한 속성을 지닌 기와류와 호, 뚜껑, 굽다리접시, 찻종, 굽다리바리(대부발 臺附鉢), 접시 등 삼국시대~통일신라시대 토기류, 도자벼루(도연 陶硯) 등이 주목된다.

2차 발굴조사는 1996년으로 남문터와 주변 건물터를 비롯하여 북문터, 헬기장 주변, 구덩이 지역의 재조사에 주력하였다. 남문터와 북문터는 삼국시대부터 고려, 조선시대까지 개보수가 이루어진 것을 확인하였고 헬기장 주변조사에서는 원지형이 헬기장을 중심으로 동쪽과 서쪽으로 급경사를 이루고 있었던 것을 파악하였다. 구덩이는 총 8기를 조사하였는데 평면형태가 원통형, 사다리꼴형, 복주머니형이다. 출토된 기와나 토기류는 1차 발굴조사와 같은 양상으로 파악하였다.

3차 발굴조사는 1997년에 이루어졌는데 우물터 주변 건물터와 둘레길(회곽도 廻廓道) 등이 조사되었다. 출토유물은 '마홀(馬忽)' 글자기와, 고려 초로 편년되는 수막새 기와와 도깨비얼굴기와(귀면와 鬼面瓦), 다양한 토기 조각, 16~17세기의 백자 조각 등으로 반월산성이 삼국시대부터 조선시대에 이르기까지 활용되었음을 명확히 하였다.

4차 발굴조사는 1998년에 진행되었는데, 동성가퀴과 남성가퀴 및 3차례에 걸쳐 개축된 성벽과 보축시설이 확인되어 조사단은 산성을 처음 쌓은 나라를 파악하는 데 중점을 두었다. 출토유물은 기존 조사성과와 비슷하다.

5차 발굴조사는 2000년에 진행되었다. 조사지역은 동성가퀴 주변의 건물터와 애기당터이다. 건물터는 6세기 중반에서 고려시대 초반까지 5차에 걸쳐 개축된 것으로 파악되었다. 출토유물 역시 기와와 토기 등 신라시대의 것이 중심을 이루고 있다.

6차 발굴조사는 2001년에 이루어졌는데, 추정 동문터와 성벽조사에 중점을 두었다. 이를 통해 백제가 처음 쌓은 성을 신라가 2차례 이상 고쳐 쌓아 사용한 것으로 파악하고 있다. 출토유물 중 기와는 기존의 조사내용과 큰 차이가 보이지 않고, 토기에서 4세기대 중후반경의 백제토기와 신라토기가 함께 출토되었다.

이상의 내용을 조사자 입장에서 정리하면, 포천 반월산성은 출토된 백제토기와 일부 성벽 축조방식에 의거, 4세기 후반에서 5세기 초반에 백제가 석축으로 쌓은 후 고구려가 5세기 후반, 6세기 중반 동안 잠시 사용하고 신라가 한강유역에 진출해서는 대대적인 수축과정을 거쳐 활용하다가 고려, 조선을 거쳐 현재에 이른 것으로 보았다.[6)]

3. 유물 분석 기준

고고학적 방법론상 유물에 대한 편년안을 마련하는 작업으로는 보통 특정 유물이 출토된 일정 범위 또는 지역적 단위의 모든 대상 유적에서 자료를 차별적으로 선별하여 순서배열하고 편년하는 것이 일반적이라고 할 것이다. 하지만 이러한 방법은 출토된 유물이 한정적이고 그 수가 많지 않은 경우에 유효하다고 할 수 있다.

이러한 방법론은 보통 한 유적에서 특정 유물군이 다량 출토되는 경우에는 장점보다는 편협할 수도 있는 편년안을 제시함으로써 지역별 차이가 있을 수 있는 유적의 시기를 특정 시기에 단정할 가능성이 많은 단점을 가지고 있다고

6) 조사단의 이러한 견해를 정리한 것이 김호준의 학위논문이다.(김호준 2002) 그러나 포천 반월산성은 토성으로 초축된 후 신라에 의해 석성으로 축성되었을 가능성이 높다.(심광주 2004a; 김영 2010; 박성현 2010) 필자도 신라기와와는 다른 기와(1999: 26)의 출토 및 백제토기의 집중출토를 통해 백제가 포천 반월산성을 초축, 운영한 것에는 동의할 수 있으나 석성초축설은 인정하기가 어렵다. 이후 고구려 이용설도 역사적 정황상으로는 가능하겠으나 고고학적 결과는 거의 전무한 형편이다. 발굴결과를 사료에 맞춰 해석하는 데서 오는 오류로 판단한다.

생각한다.

따라서, 기와같이 한 유적에서 시대와 시기를 넘어서 지속적으로 다량 출토되는 경우에는 그 대상 유적 내에서 특정 유물이 시기에 따라 전반적으로 출토되는 상황을 파악하고 그 속성변화를 파악, 분류하는 것이 더욱 효과적이라고 판단된다. 이에 필자는 예전부터 기와 연구에 있어 하나의 특정 대상 유적에 대한 세밀한 지역별 분석이 우선될 필요성이 있다고 지적한 바 있다.(서봉수 1999)

아무튼 이러한 인식을 바탕으로 이 글에서는 수많은 신라기와 출토 유적 중에서 필자가 조사에 참여한 대상 유적 세 곳을 선정하여 그 내부에서 진행된 신라기와의 속성변화 양상을 파악하고 편년작업을 진행하고자 한다. 특히 이들 세 유적에서 제시하는 유물들은 필자가 대부분 최소한 한 번 이상 직접 관찰했던 유물들이다.

578점의 기와를 분석 대상으로 삼았다. 대상유물들은 필자가 통계적 분석 기준에 의해서 대상유적 전체 출토기와에 대해 속성 요건을 갖춘 기와들을 선별한 것이 아니다. 단지 보고서에서 제시한 기와에서 속성 기준에 맞추어 선별한 것이다. 필자가 의도한 바는 578점의 기와들을 통해서 나름의 기와 유형 분류를 시도하고 형식을 도출하고자 한 것이다.

이러한 연구 성과를 통해 비슷한 양상으로 다른 유적에서 출토되고 있는 신라기와의 편년안 및 속성 분석의 기준을 제시할 수 있을 것으로 판단한다.

기와의 시대나 시기를 구분하는 데에 보편적으로 활용하는 속성들은 무늬, 와통 형태, 두드림판(타날판 打捺板) 크기, 두드림(타날 打捺) 방법, 측면 분할 방법, 끝다듬기(단부조정 端部調整) 방법, 내면 조정 자국, 두께, 색조 등 다양하다.

여기에서는 신라기와의 제작과정상에 나타나는 다양한 속성[7] 중에서 신라

7) 필자는 신라기와 제작과정상에 나타나는 속성들을 27가지로 분류하여 분석한 바 있다.(서봉수 1998)

기와의 분류를 위해 비교적 시간성을 크게 반영한다고 판단되는 4가지 속성을 중심으로 살펴볼 것이다. 그것은 1) 외면 무늬, 2) 두드림판 크기, 3) 두드림 방법, 4) 측면 분할 방법이다.[8)] 이 중 외면 무늬와 두드림판 크기는 전 시대, 즉 삼국시대부터 조선시대까지 기와를 시기구분하는 데 보편적으로 적용할 수 있는 속성이며 두드림 방법과 측면 분할 방법은 이 시기, 즉 신라 시기에만 세밀하게 적용하기 위해서 수정, 채용한 속성임을 밝혀둔다. 물론 두드림 방법과 측면 분할 방법 속성 역시 큰 범주 내에서는 시대를 구분할 수 있는 속성임은 분명하나 한정된 지역과 한정된 시기에서는 좀 더 세분하여 적용할 필요가 있겠다는 판단하에 필자의 의도가 반영된 새로운 분석법을 한정하여 적용해 볼 것이다.

각각의 속성은 세부적인 관찰로 좀 더 구분할 수도 있겠지만 이 글의 목적상 오히려 혼란의 여지를 줄 수 있겠다고 생각하여 최대한 단순화하였다.[9)]

이 글의 분석 대상인 대표 유적의 보고서에서 이 4가지 속성을 모두 관찰할 수 있는 것을 개별 확인하여 분석 대상으로 삼았다.

구체적으로는 서울 독산동 유적(겨레문화유산연구원 2016)이 127점의 기와 중 77점이고 인천 계양산성 유적(겨레문화유산연구원 2011)이 505점의 기와 중 297점, 포천 반월산성 유적(단국대학교 매장문화재연구소 2004)이 275점의 기와 중 204점으로 총 578점을 분석대상으로 삼았다.

분석대상 기와의 출토현황을 살펴보자.

8) 기와의 부분별 명칭 및 용어는 이인숙, 최태선의 분류안을 따른다.(이인숙 · 최태선 2011) 최근 기와 연구가 활성화됨에 따라 연구자마다 용어를 달리 사용하는데, 논지에 크게 영향을 미치지 않는 범위 내에서 기와 용어부터 통일된 분류안이 마련되어야 동료 및 후학들에게도 혼란의 여지를 줄일 수 있다는 취지에서이다.

9) 이 외에도 다양한 속성들을 함께 분석, 비교해 보는 것이 바람직할 수도 있겠으나 이 글의 데이터로 삼는 자료들이 보고서 분석치가 대부분이어서 직접 관찰하여 하나의 기준으로 통합 기술된 것이 아닌 탓에 오히려 혼란의 여지를 줄 수도 있겠다는 또 다른 판단에서이다. 다만 필요에 따라서는 보조 속성으로 기와의 두께와 색조, 내면 조정여부 등을 적절히 활용하여 형식분류에 사용함을 밝혀둔다.

우선, 서울 독산동 유적의 77점은 산발적으로 도로유구나 도랑유구, 굽기유구, 우물에서 확인되는 것을 제외하고는 문화층에서 모두 37점이 출토되었다. 이 문화층은 유적 내에서 삼국시대 문화층으로 분류된 VI층의 암갈색 사질점토층이다. 이 문화층은 땅위건물터나, 구덩이건물터를 기반으로 하는 층이기도 하다. 또한 땅위건물터에서도 1점이 출토되었고 나머지는 구덩이건물터 내부 퇴적토에서 모두 5점이 확인된다.[10)]

인천 계양산성 유적은 시굴조사 지역과 발굴조사 지역으로 유물 출토현황이 구분된다. 우선, 시굴조사 지역은 북문터를 중심으로 북서에서 남동방향의 성벽 주변 평지에 해당한다. 협소한 성내에서 가장 평탄한 지역이다. 발굴조사 지역도 북문터를 중심으로 이루어졌다. 따라서 분석대상이 된 297점의 기와는 모두 북문터를 중심으로 한 그 일대 평탄지이다. 유적의 층위는 크게 4개층으로 구분되는데 I층인 표토층을 제외하고는 모두 기와가 출토되는 양상이나 주로 III층인 암갈색 사질점토층에서 유구의 확인과 함께 기와, 토기 등의 유물이 가장 많이 확인되었다.

포천 반월산성 유적은 지표조사 및 1차 발굴조사부터 6차 발굴조사에 이르기까지 진행되어 출토된 기와를 대상으로 하여 개별 유구의 출토현황을 기술하기는 어렵다. 하지만 중요한 유구를 중심으로 그 상황을 언급하면 다음과 같다.

1차 조사에서는 장대터와 건물터, 서성가퀴터, 성벽을 중심으로 조사가 이루어졌고, 2차 조사는 남문터와 그 주변 건물터, 3차 조사는 우물터 주변 건물터와 둘레길, 4차 조사는 동성가퀴와 남성가퀴 및 성벽, 5차 조사는 동성가퀴 북서편 건물터 및 내성벽과 동문터, 6차는 동문터 및 성벽 조사가 이루어졌다.

---

10) 특히 2호 구덩이건물터에서는 총 127점의 기와 중 2점의 평기와와 함께 수막새 3점이 출토되어 주목된다.

이들 대부분의 유구에서 삼국시대에서 통일신라시대에 이르는 기와들이 고루 출토되었으나 정확한 출토 층위에 대한 기술은 어려운 형편이다.

1) 외면 무늬

기와 외면에는 기와 제작과정에서 행해지는 두드림 행위에 의해 다양한 무늬가 남게 된다. 두드림 도구의 두드림판 내에 아무런 무늬가 새겨지지 않은 채 두드림 행위가 이루어지면 민무늬가 되고 두드림판을 새끼줄 같은 것으로 감아 두드린 행위가 이루어지면 꼰무늬 형태가 남게 된다. 그 외 어느 무늬 또는 문자를 새겨넣었느냐에 따라 그 기와의 제작시기를 구분할 수 있는 대표적 속성이 되는 것이다.

전통적으로 이러한 중요성을 인지하고 삼국시대부터 고려시대까지의 외면 무늬를 기준으로 시기구분한 선행 연구가 있다.(서오선 1985) 이후 여러 연구자들도(최정혜 1996; 최맹식 1999; 이재명 2016) 시기적 변화를 파악하는 중요한 속성 중 하나로 인식하고 연구를 심화해 오고 있다.

여기서도 가장 우선적으로 대분류의 기준으로 삼았다.

외면의 무늬는 크게 민무늬(Ⅰ), 꼰무늬(Ⅱ), 줄무늬(Ⅲ), 격자무늬(Ⅳ), 기타무늬(Ⅴ)로 구분하였다. 삼국 이래 통일신라시대까지 나타나는 무늬 대부분은 Ⅰ~Ⅳ의 범주 안에 들어오며 특히 통일신라 후반에 나타나기 시작하는 솔잎무늬와 톱니무늬 등과 함께 복합무늬는 기타무늬(Ⅴ)로 통합하였다. 각각 분류된 무늬들은 각 무늬 내에서도 고고학적으로는 좀 더 세분할 수 있겠지만 최대한 단순화하여 분류하였다. 같은 무늬대로 분류된 무늬 내에서 펼쳐진 다양한 형태의 아류들은 같은 시기범위 내에서 행해진 다양한 집단 내의 다양한 행위결과로 파악하였기 때문이다.

2) 두드림판 크기

앞서 언급했지만 기와 제작과정상에서 기와 외면에는 두드림 도구에 의해 기와 외면의 내구성을 높이는 과정으로 두드림 행위가 이루어지게 된다. 이러한 두드림 도구는 다양한 형태가 있는데 두드림 도구 끝의 두드림판에는 다양한 형태의 무늬가 새겨져 있기도 하다. 따라서 무늬 형태가 시기의 속성 기준이 되는 것과 함께 이 두드림판도 그 형태와 규모에 따라 시기를 구분지을 수 있는 대표적 속성이 된다. 여기서는 무늬 속성에 이어 중분류의 기준으로 삼았다.

기와의 외면을 조정하거나 무늬를 베풀기 위한 두드림판의 크기는 단판(A), 중판(B), 장판(C)으로 구분하였다. 최태선(1993: 18)의 기준에 의해 단판은 기와 전체 길이를 기준으로 4~5번, 중판은 2~3번, 장판은 1번의 두드림이 이루어지는 정도이다. 따라서 단판에서 중판, 중판에서 장판으로의 변화(최태선 1993: 43; 이재명 2016: 36-38)는 두드림 방법의 변화와 함께 어느 정도 시간적 선후를 반영하는 요소로서 지역차와 계통차를 반영한다고 하였다.

3) 두드림 방법

필자의 분류 기준에서 다소 중요하다고 판단하여 채택된 속성 중의 하나인데 고대의 기와 중 특히 줄무늬에서 유용한 분류 기준이 되겠다고 판단하여 소분류의 중요 기준으로 삼았다.

기와의 외면에 두드리는 방법상의 구분은 기와 외면에 대하여 다소 불규칙적으로 부분적인 두드림을 했는지, 기와 외면 전면에 걸쳐서 정연하게 겹치기 두드림을 했는지를 구분하였다. 이에 따라 기와 외면에는 무늬가 부분적으로 남기도 하고 전면에 걸쳐 겹쳐서 나타나기도 한다. 이를 부분두드림(a), 전면두드림(b)으로 구분하였다. 전면두드림 방법은 직선두드림과 활모양(호상 弧狀) 두드림으로도 구분이 가능하며 시간적 선후를 반영할 뿐 아니라 지역차와 계통차를 고려할 수 있다는 견해(최태선 1993: 43)도 참고하였는데 이는 삼국 이후 통일신라와 고려, 조선에서 나타나는 두드림판의 장판화와 함께 이루어지는 두드림 방법 변화에서 주로 적용가능한 것이다. 다만 신라~통일신라 내, 특히 줄무늬 계통의 시기구분에서 적용하기에는 좀 더 치밀한 관찰이 이루어져 보고서 분석이 이루어지면 향후 더욱 의미있는 속성 기준이 될 수 있으리라 판단한다. 향후 좀 더 세밀한 분석결과가 축적되기를 기대한다.

4) 측면 분할 방법

측면 분할 기법 역시 필자 나름대로 시기 구분의 중요한 분류 기준으로 판단하여 최종적인 세분류의 기준으로 삼았다.

기와의 측면에는 기와를 와통에서 분리한 뒤 수키와는 2매, 암키와는 4매로 분할하는 과정에서 자른자국이 남게 되는데 그 형태적 차이에 따라 기와 제작 공정상에서 약간의 차이를 나타낸다고 생각하고 어느 정도 시간성도 내포한다고 판단하였다.

물론, 기와 측면을 전면 또는 두 번 이상 조정한 경향은 고구려(한국토지공사 토지박물관 2007: 318-319), 백제(서울역사박물관 · 한신대학교박물관 2008; 국립문화재연구소 2009) 시기에도 나타나는 시대적 현상이기도 하고 측면을 2~3차례 다듬는 것을 초기 기와(7세기 후반)로 생각하는 경우(심광주 2019: 33)도 있지만 이 글의 시 · 공간적 대상인 한강유역 신라기와에서는 다양한 측면 분할 자국이 특정시기별로 다양하게 나타나므로 이를 통한 시기구분을 시도하는 것은 나름 의미가 있다는 판단이다.

따라서 기와 측면에 남아있는 기와칼자국(와도흔 瓦刀痕)이 기와 내면에서 외면(또는 외면에서 내면)으로 부분적으로 남아 있는지, 전면에 걸쳐 분할했는지, 분할 후 내외로 추가적인 조정을 했는지에 따라서 '내 → 외 부분(1)', '전면(2)', '두 번 이상(3)', '외→내 부분(4)'으로 구분하였다.

5) 보조 속성

보조 속성으로는 기와 내면에 나타나는 다양한 제작 자국 중 내면의 조정(빗질[11], 물손질) 여부에 따라 무조정한 것과 조정한 것을 구분하여 조정한 것에 '-1'을 부기하였다. 이는 다른 속성 기준을 적용할 수 없는 민무늬 기와 형식에만 부기하였다.

이와 함께 기와의 두께에도 유의하였다. 기와의 두께는 건축술의 발전과 그 정도를 같이 하는데 고대의 기와일수록 얇고 후대로 갈수록 두꺼워지는 경향성을 어느 정도 나타내기 때문이다. 이는 시간의 흐름에 따라, 고대 왕국의 발전 정도에 따라 건축술의 발전도 이루어졌기 때문인 것으로 판단된다.

필요에 따라 이 두 보조속성을 활용하겠다.

다음의 표는 위에서 제기한 네 가지 속성(무늬, 두드림판 크기, 두드림 방법, 측면 분할 방법)과 보조속성 중 내면 조정의 형태를 보여주는 것이다.

---

11) 빗질은 사절자국과 다르다. 사절자국은 기와 제작과정상에서 쨀줄로 점토판을 생성하는 과정에서 생기는 것이고 빗질은 성형된 기와를 와통에서 분리한 후 2차 조정하는 과정에서 발생한다. 따라서 사절자국에는 베자국이 남게 되고 빗질에는 베자국이 남지 않는 차이가 있다. 분석대상의 보고서에는 이에 대한 명확한 구분이 아직 자리잡지 않았을 때라서 분석의 한계는 있지만 이 글에서는 일단 빗질로 판단하여 기술하였다. 또한 빗질자국이든, 사절자국이든 이 글의 분석 틀에는 크게 영향을 미치지 않는다고 판단하였다.

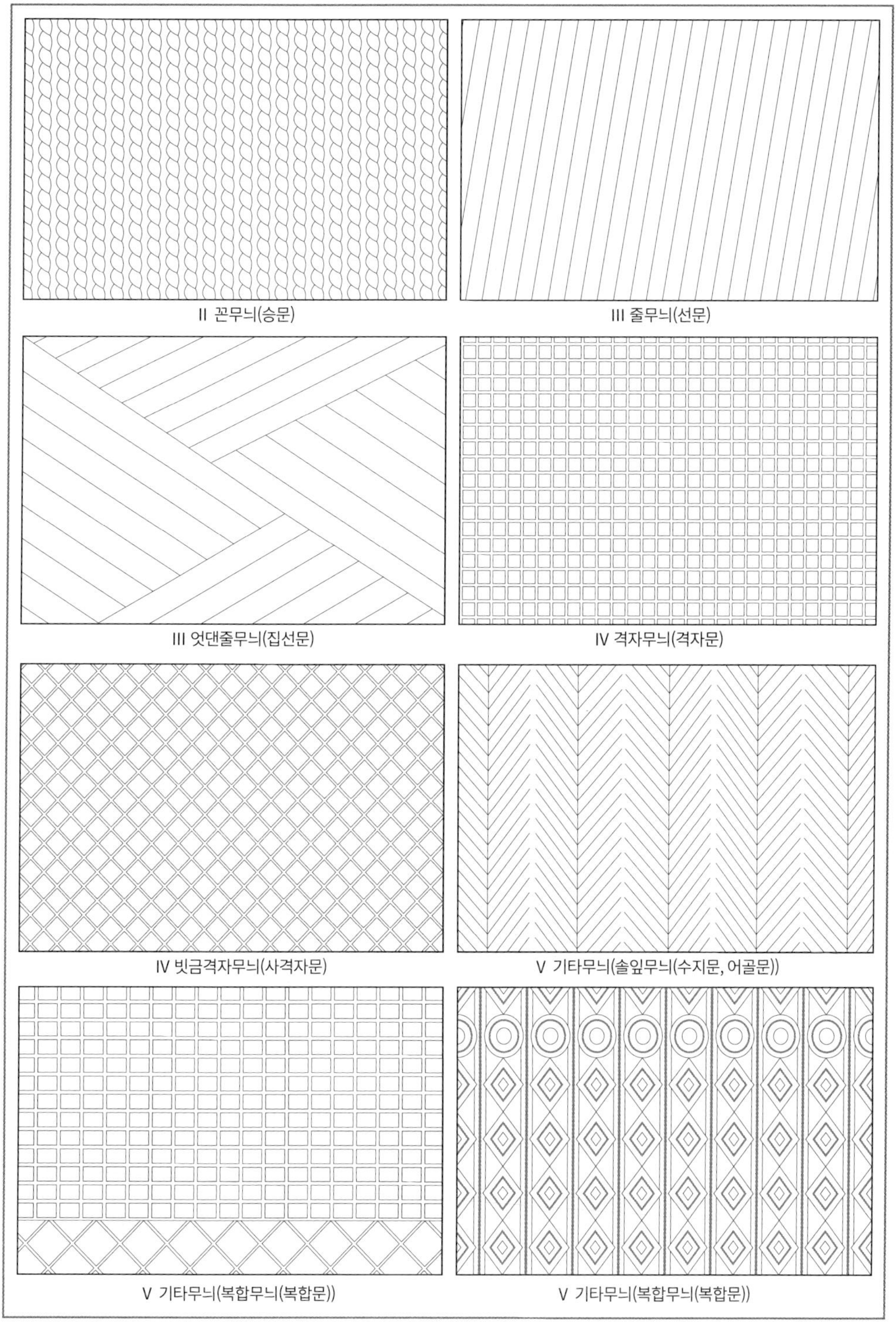
II 꼰무늬(승문)
III 줄무늬(선문)
III 엇댄줄무늬(집선문)
IV 격자무늬(격자문)
IV 빗금격자무늬(사격자문)
V 기타무늬(솔잎무늬(수지문, 어골문))
V 기타무늬(복합무늬(복합문))
V 기타무늬(복합무늬(복합문))

도판 1. 각종 무늬 도안

I 민무늬(독산- 82)

II 꼰무늬(계양 II-795)

III 줄무늬(독산- 415)

III 줄무늬(계양 II-188)

III 엇댄줄무늬(계양 II-696)

III 줄무늬(반월종-수7 탁본5-2, 사진16-2)

IV 격자무늬(독산-434)

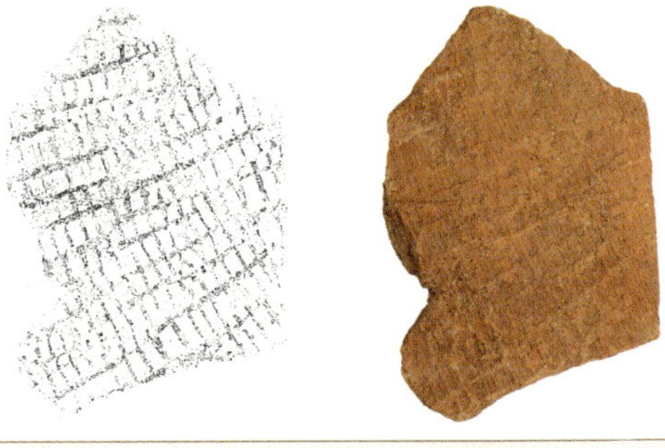

IV 격자무늬(계양 II-356)

도판 2-1. 외면 무늬의 종류

Ⅳ 격자무늬(계양 Ⅱ-564)

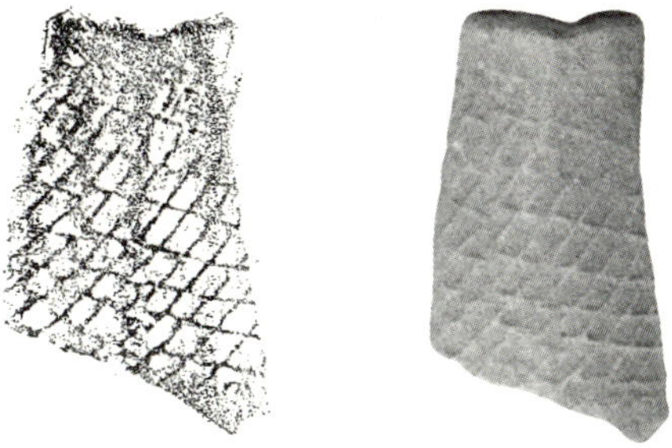

Ⅳ 빗금격자무늬(반월종-수68 탁본20-4, 사진 29-4)

Ⅴ 기타-솔잎무늬(계양 Ⅱ-202)

Ⅴ 기타-솔잎무늬(계양 Ⅱ-460)

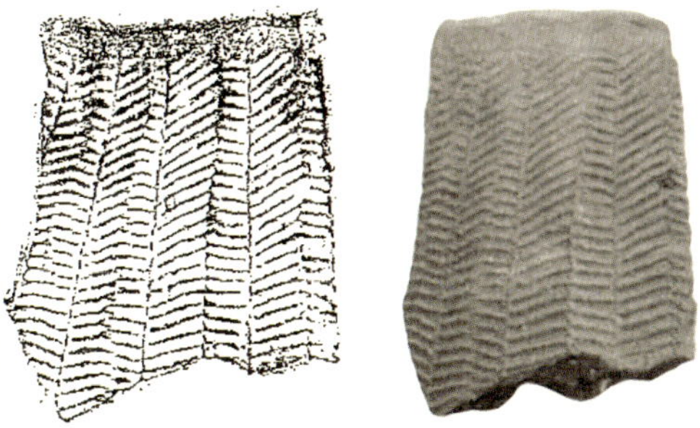

Ⅴ 기타-솔잎무늬(반월종-수86 탁본 23-1, 사진 33-1)

Ⅴ 기타-솔잎무늬(반월종-수89 탁본 23-4, 사진 33-4)

Ⅴ 기타-추상무늬(계양 Ⅱ-185)

Ⅴ 기타-복합무늬(줄+격자무늬, 계양 Ⅱ-104)

도판 2-2. 외면 무늬의 종류

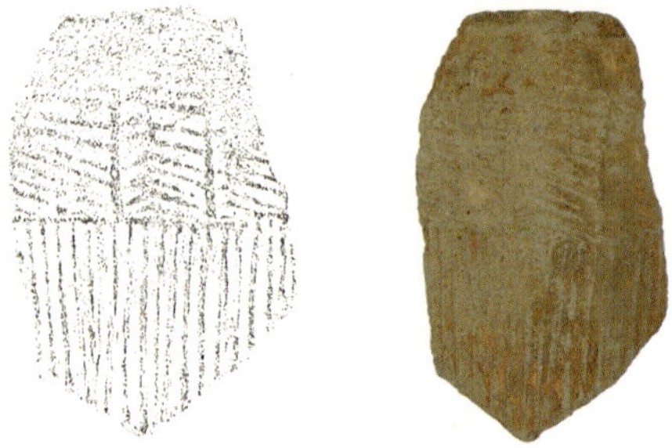

V 기타-복합무늬(줄+솔잎무늬, 계양 II-547)

V 기타-복합무늬(빗금문살+꽃+추상무늬, 반월종- 수101 탁본 27-1, 사진 36-2)

도판 2-3. 외면 무늬의 종류

A 단판(계양 II-188)

B 중판(계양 II-712)

C 장판(반월종-수101 탁본 27-1, 사진 36-2)

도판 3-1. 두드림판의 형태

a 부분 두드림(독산-72)

b 전면 두드림(반월종-수19 탁본 9-2, 사진 19-1)

도판 4. 두드림 방법의 차이

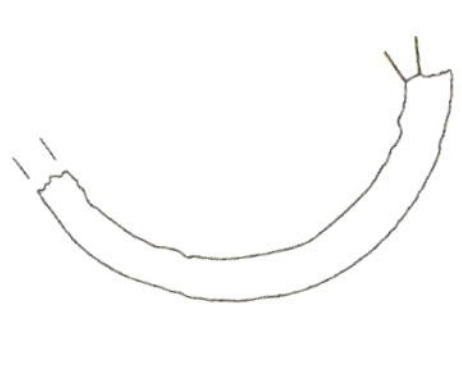

1 내면→외면부분

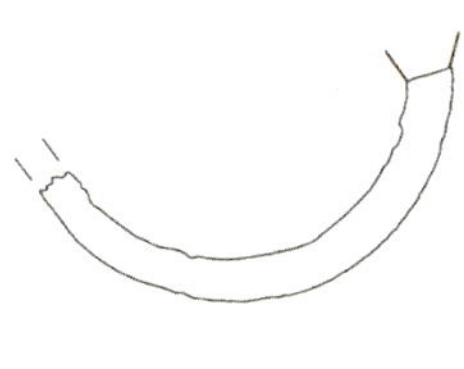

2 전면 한 번

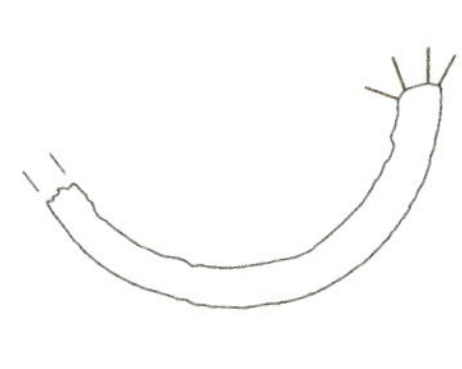

3 두 번 이상 조정

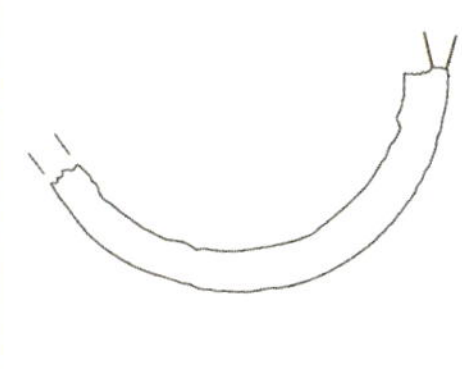

4 외면→내면부분

도판 5. 측면 분할 방법

1 내면 무조정(독산 89)

-1 내면 조정(물손질, 빗질, 계양 II – 448)

도판 6. 내면 조정 여부

III. 형식 분류

III. 형식 분류

1. 속성 분석

여기서는 우선 세 곳의 대표 유적에서 출토되어 발굴 보고서에 보고된 기와 가운데, 위에서 언급한 네 가지 속성을 파악할 수 있는 전체 578점의 기와를 분석하였다. 현실적 한계에서 대상 기와들을 다시 직접 보면서 분석할 수는 없었고, 보고서에 보고된 분석 내용을 토대로 재분석한 것이다. 물론, 앞에서도 언급하였지만 이 유적 출토 기와들은 필자가 직접 조사에 참여하였기 때문에 분석에는 크게 어려움이 없었다.

보고서에 기록된 유물번호를 중심으로 유물의 종류, 무늬, 두드림판 크기, 두드림 방법, 측면 분할 방법, 두께, 색조를 분석하였고 비고에는 내면 조정 여부를 비롯하여 기타 참고할 만한 속성들을 적었다. 형식은 최종 결과를 덧붙인 것인데 일단 이 표에도 함께 기록하여 둔다. 형식의 형성과정은 뒤에 자세히 언급될 것이다.

표 3. 기와 속성 분석표

번호	유물번호	종류	무늬	두드림판	두드림법	측면	두께	색조	형식	비고
1	독산-39	암	가는줄무늬	단판	부분	내→외	1.05	회청	IIIAa1	·
2	독산-72	수	줄무늬	단판	부분	내→외	1.05	황갈	IIIAa1	·
3	독산-73	암	줄무늬	단판	부분	내→외	1.3	회청	IIIAa1	·
4	독산-82	암	민무늬	무	무	내→외	1	황갈	I1	끝다듬기
5	독산-89	암	줄무늬	단판	무	내→외	1.1	회청	IIIAa1	·
6	독산-97	암	민무늬	무	무	내→외	0.95	회갈	I1	끝다듬기
7	독산-98	암	민무늬	무	무	내→외	1	회갈	I1	·

번호	유물번호	종류	무늬	두드림판	두드림법	측면	두께	색조	형식	비고
8	독산-123	수	민무늬	무	무	내→외	1.05	황갈	Ⅰ1	끝다듬기, 깎기
9	독산-125	암	민무늬	무	무	내→외	1	황갈	Ⅰ1	·
10	독산-232	암	줄무늬	단판	부분	내→외	1.3	회갈	ⅢAa1	·
11	독산-251	암	민무늬	무	무	내→외	1	갈	Ⅰ1	측면모름, 끝다듬기
12	독산-252	암	굵은줄무늬	단판	부분	내→외	1.25	회갈	ⅢAa1	측면모름
13	독산-256	암	민무늬	무	무	내→외	1.1	담청	Ⅰ1	·
14	독산-267	암	민무늬	무	무	내→외	1.2	황갈	Ⅰ1	·
15	독산-268	암	민무늬	무	무	내→외	0.9	회갈	Ⅰ1	·
16	독산-341	암	줄무늬	단판	부분	내→외	1.05	회갈	ⅢAa1	·
17	독산-360	암	줄무늬	단판	부분	내→외	1.1	회청	ⅢAa1	·
18	독산-415	수	줄무늬	단판	부분	내→외	1.25	회갈	ⅢAa1	·
19	독산-417	암	민무늬	무	무	내→외	1.25	회청	Ⅰ1	·
20	독산-418	암	민무늬	무	무	내→외	1.25	회흑	Ⅰ1	·
21	독산-420	암	민무늬	무	무	내→외	0.6	회갈	Ⅰ1	·
22	독산-421	암	민무늬	무	무	내→외	1.25	회청	Ⅰ1	2차줄무늬, 끝다듬기
23	독산-422	암	민무늬	무	무	내→외	1.5	회청	Ⅰ1	2차줄무늬, 끝다듬기
24	독산-425	암	민무늬	무	무	내→외	1.05	회갈	Ⅰ1	2차줄무늬, 끝다듬기
25	독산-429	암	줄무늬	단판	전면	내→외	1.3	회흑	ⅢAb1	·
26	독산-430	암	굵은줄무늬	단판	전면	내→외	1.55	회청	ⅢAb1	·
27	독산-431	암	굵은줄무늬	단판	전면	내→외	1.35	회청	ⅢAb1	·
28	독산-434	암	격자무늬	단판	부분	내→외	1.2	회흑	ⅣAa1	측면모름
29	독산-460	수	가는줄무늬	단판	부분	내→외	1.05	연회청	ⅢAa1	·
30	독산-461	수	줄무늬	단판	부분	내→외	1.2	회	ⅢAa1	·
31	독산-462	수	줄무늬	단판	부분	내→외	1.25	황갈	ⅢAa1	·
32	독산-463	암	줄무늬	단판	전면	내→외	1.2	회갈	ⅢAb1	·
33	독산-464	암	줄무늬	단판	부분	내→외	1.2	갈	ⅢAa1	·
34	독산-465	암	민무늬	무	무	내→외	1.5	회갈	Ⅰ1	2차줄무늬
35	독산-466	암	줄무늬	단판	부분	내→외	1.35	갈	ⅢAa1	·
36	독산-467	암	줄무늬	단판	부분	내→외	1.25	회	ⅢAa1	측면모름
37	독산-468	암	민무늬	무	무	내→외	1.05	회	Ⅰ1	끝다듬기
38	독산-469	암	줄무늬	단판	부분	내→외	1.05	회청	ⅢAa1	·
39	독산-470	암	줄무늬	단판	부분	내→외	1.75	황갈	ⅢAa1	·
40	독산-513	암	줄무늬	단판	부분	내→외	1.1	회청	ⅢAa1	·
41	독산-634	수	민무늬	무	무	외→내	1.3	회갈	Ⅰ4	끝다듬기, 깎기
42	독산-636	수	줄무늬	단판	부분	내→외	1.15	감청	ⅢAa1	·

번호	유물번호	종류	무늬	두드림판	두드림법	측면	두께	색조	형식	비고
43	독산-637	수	줄무늬	단판	부분	내→외	0.95	회청	IIIAa1	·
44	독산-639	수	가는줄무늬	단판	부분	내→외	0.7	회청	IIIAa1	·
45	독산-640	암	민무늬	무	무	내→외	1	회갈	I 1	끝다듬기
46	독산-641	암	민무늬	무	무	내→외	1.4	회갈	I 1	2차줄무늬, 끝다듬기
47	독산-642	암	민무늬	무	무	내→외	1.1	회갈	I 1	끝다듬기
48	독산-643	암	민무늬	무	무	내→외	1.05	회갈	I 1	끝다듬기
49	독산-645	암	민무늬	무	무	내→외	1.1	황갈	I 1	끝다듬기
50	독산-646	암	민무늬	무	무	내→외	1.25	황갈	I 1	끝다듬기
51	독산-647	암	민무늬	무	무	내→외	0.95	회갈	I 1	끝다듬기
52	독산-648	암	민무늬	무	무	내→외	1.55	담갈	I 1	끝다듬기
53	독산-649	암	민무늬	무	무	내→외	1.25	흑갈	I 1	끝다듬기
54	독산-652	암	민무늬	무	무	내→외	1.2	회갈	I 1	끝다듬기
55	독산-653	암	줄무늬	단판	부분	내→외	1	황갈	IIIAa1	·
56	독산-654	암	민무늬	무	무	내→외	1.1	회갈	I 1	측면모름
57	독산-656	암	민무늬	무	무	내→외	0.9	밤갈	I 1	·
58	독산-657	암	민무늬	무	무	내→외	1.55	회갈	I 1	끝다듬기
59	독산-661	암	민무늬	무	무	내→외	1.1	회청	I 1	끝다듬기
60	독산-662	암	민무늬	무	무	내→외	1	회청	I 1	끝다듬기
61	독산-663	암	줄무늬	단판	부분	내→외	1.2	회청	IIIAa1	끝다듬기
62	독산-665	암	민무늬	무	무	내→외	1.75	회청	I 1	끝다듬기
63	독산-666	암	민무늬	무	무	내→외	1.25	담청	I 1	·
64	독산-667	암	민무늬	무	무	내→외	0.95	회청	I 1	·
65	독산-668	암	줄무늬	단판	부분	내→외	1.55	회청	IIIAa1	·
66	독산-670	암	줄무늬	단판	부분	내→외	1.3	황갈	IIIAa1	·
67	독산-671	암	줄무늬	단판	부분	내→외	1.2	회갈	IIIAa1	·
68	독산-672	암	줄무늬	단판	부분	내→외	1.15	황갈	IIIAa1	측면모름
69	독산-673	암	줄무늬	단판	부분	내→외	1.8	황갈	IIIAa1	·
70	독산-677	암	줄무늬	단판	부분	내→외	1.1	회청	IIIAa1	·
71	독산-678	암	줄무늬	단판	부분	내→외	1.5	회청	IIIAa1	·
72	독산-679	암	줄무늬	단판	부분	내→외	1.1	회청	IIIAa1	·
73	독산-687	암	굵은줄무늬	단판	부분	내→외	1	회청	IIIAa1	·
74	독산-691	암	가는줄무늬	단판	전면	내→외	1.2	회청	IIIAb1	·
75	독산-692	암	가는줄무늬	단판	전면	내→외	1.4	회청	IIIAb1	·
76	독산-693	암	가는줄무늬	단판	전면	내→외	1.15	회청	IIIAb1	·
77	독산-695	암	가는줄무늬	단판	전면	내→외	1.2	회청	IIIAb1	·

번호	유물번호	종류	무늬	두드림판	두드림법	측면	두께	색조	형식	비고
78	계양 II –26	암	줄무늬	단판	전면	전면	2.15	갈	IIIAb2	내면빗질
79	계양 II –29	암	격자무늬	단판	전면	전면	1.95	명갈	IVAb2	빗질
80	계양 II –76	수	민무늬	무	무	내→외	1.75	명갈	I 1–1	글자 부관대, 빗질
81	계양 II –77	암	민무늬	무	무	내→외	2.15	회청	I 1–1	글자 주부
82	계양 II –80	암	민무늬	무	무	내→외	1.95	명갈	I 1–1	글자 부
83	계양 II –81	암	민무늬	무	무	내→외	1.8	암적	I 1–1	글자 부, 빗질
84	계양 II –82	암	민무늬	무	무	전면	1.8	적	I 2–1	부호, 빗질
85	계양 II –89	암	줄무늬	단판	전면	세번	1.9	적	IIIAb3	부호
86	계양 II –91	암	민무늬	무	무	내→외	1.65	회청	I 1–1	글자 초, 빗질
87	계양 II –92	수	민무늬	무	무	내→외	2.2	갈	I 1–1	글자 관
88	계양 II –93	수	민무늬	무	무	외→내	1.7	갈회	I 4–1	물손질
89	계양 II –94	수	줄무늬	단판추정	전면	네 번	1.6	적갈	IIIAb3	물손질
90	계양 II –95	수	줄무늬	단판추정	전면	전면	1.8	명회	IIIAb2	빗질
91	계양 II –96	수	줄무늬	단판추정	전면	전면	1.25	적	IIIAb2	물손질
92	계양 II –97	수	줄무늬	단판	전면	외→내	1.4	적	IIIAb4	·
93	계양 II –98	수	엇댄줄무늬	중판추정	전면	전면	2	명갈	IIIBb2	빗질
94	계양 II –99	수	줄무늬	단판	전면	내→외	1.65	갈	IIIAb1	물손질
95	계양 II –100	수	복합무늬	중판추정	전면	전면	2.6	회청	V Bb2	물손질, 줄무늬+솔잎
96	계양 II –102	암	줄무늬	단판	전면	내→외	1.4	연적	IIIAb1	물손질, 빗질
97	계양 II –103	암	추상무늬	중판추정	전면	전면	2.8	황갈	V Bb2	빗질
98	계양 II –104	암	복합무늬	중판추정	전면	내→외	1.65	회	V Bb1	줄무늬+격자, 빗질
99	계양 II –169	암	엇댄줄무늬	장판추정	전면	내→외	1.85	회청	V Cb1	글자 주부+엇댄줄, 빗질
100	계양 II –176	수	줄무늬	단판	전면	전면	1.3	청회	IIIAb2	물손질
101	계양 II –177	수	줄무늬	단판	전면	전면	1.8	회청	IIIAb2	빗질
102	계양 II –178	수	줄무늬	단판	전면	전면	1.8	명회	IIIAb2	물손질
103	계양 II –179	수	줄무늬	단판	전면	외→내	1.1	회청	IIIAb4	물손질, 빗질, 양쪽자르기
104	계양 II –180	수	격자무늬	단판	전면	외→내	1.5	명적	IVAb4	빗질
105	계양 II –181	수	격자무늬	단판	전면	내→외	1.4	명회	IVAb1	빗질
106	계양 II –182	수	격자무늬	단판	전면	내→외	1.65	회청	IVAb1	물손질
107	계양 II –183	수	격자무늬	단판추정	전면	내→외	1.7	회청	IVAb1	물손질
108	계양 II –184	수	톱니무늬	중판추정	전면	외→내	1.5	적	V Bb4	빗질
109	계양 II –185	수	추상무늬	중판이상	전면	외→내	1.75	회청	V Bb4	물손질
110	계양 II –186	수	추상무늬	중판이상	전면	두 번	1.7	회흑	V Bb3	물손질
111	계양 II –187	암	줄무늬	단판	전면	내→외	2	흑	IIIAb1	빗질
112	계양 II –188	암	줄무늬	단판	전면	전면	1.8	명갈	IIIAb2	빗질

번호	유물번호	종류	무늬	두드림판	두드림법	측면	두께	색조	형식	비고
113	계양Ⅱ-189	암	줄무늬	단판	전면	전면	2	명회	ⅢAb2	빗질
114	계양Ⅱ-190	암	줄무늬	단판	전면	내→외	1.75	명갈	ⅢAb1	빗질
115	계양Ⅱ-191	암	줄무늬	단판	전면	내→외	1.95	명회	ⅢAb1	빗질
116	계양Ⅱ-192	암	줄무늬	단판	전면	내→외	1.75	자	ⅢAb1	빗질
117	계양Ⅱ-193	암	줄무늬	단판	전면	전면	1.5	명갈	ⅢAb1	물손질
118	계양Ⅱ-194	암	줄무늬	단판	전면	내→외	1.95	암회청	ⅢAb1	·
119	계양Ⅱ-195	암	줄무늬	단판	전면	전면	1.8	명갈	ⅢAb2	빗질
120	계양Ⅱ-196	암	엇댄줄무늬	중판이상	전면	내→외	2.4	적회청	ⅢBb1	물손질, 빗질
121	계양Ⅱ-197	암	엇댄줄무늬	단판	전면	내→외	1.55	연적	ⅢAb1	빗질
122	계양Ⅱ-198	암	격자무늬	단판	전면	내→외	2.05	명회	ⅣAb1	빗질
123	계양Ⅱ-199	암	격자무늬	단판	전면	전면	1.3	회백	ⅣAb2	빗질
124	계양Ⅱ-200	암	빗금격자무늬	단판	전면	전면	1.8	명갈	ⅣAb2	빗질
125	계양Ⅱ-201	암	빗금격자무늬	중판추정	전면	전면	1.3	명갈	ⅣBb2	물손질
126	계양Ⅱ-202	암	솔잎무늬	장판	전면	내→외	1.65	적갈	ⅤCb1	물손질, 빗질
127	계양Ⅱ-203	암	줄무늬	단판	전면	두 번	1.75	명회	ⅢAb3	물손질
128	계양Ⅱ-204	암	복합무늬	장판	전면	내→외	2	갈	ⅤCb1	빗질
129	계양Ⅱ-223	암	민무늬	무	무	내→외	1.6	회흑	Ⅰ1-1	글자 주, 빗질
130	계양Ⅱ-228	암	엇댄줄무늬	장판	전면	내→외	1.95	자적	ⅢCb1	빗질
131	계양Ⅱ-229	암	격자무늬	단판	전면	내→외	1.75	회갈	ⅣAb1	빗질
132	계양Ⅱ-230	암	빗금격자무늬	중판이상	전면	내→외	1.85	암회청	ⅣBb1	빗질
133	계양Ⅱ-231	암	복합무늬	장판추정	전면	내→외	1.8	암회청	ⅤCb1	빗질, 물손질
134	계양Ⅱ-280	암	줄무늬	단판	전면	두 번	1.2	명갈	ⅢAb3	부호 미, 물손질
135	계양Ⅱ-281	암	줄무늬	단판	전면	두 번	1.6	적	ⅢAb3	부호 미, 통쪽, 물손질
136	계양Ⅱ-294	암	줄무늬	단판	전면	전면	1.05	적	ⅢAb2	부호, 물손질
137	계양Ⅱ-295	암	줄무늬	단판	전면	두 번	1.2	적	ⅢAb3	부호 미
138	계양Ⅱ-296	암	줄무늬	단판	전면	세 번	1.75	적	ⅢAb3	부호 미, 통쪽
139	계양Ⅱ-300	암	격자무늬	단판	부분	내→외	1.45	연적	ⅣAa1	부호, 빗질
140	계양Ⅱ-305	암	민무늬	무	무	내→외	1.35	회청	Ⅰ1-1	글자, 빗질
141	계양Ⅱ-306	암	민무늬	무	무	내→외	1.5	회청	Ⅰ1-1	글자 인(팔)
142	계양Ⅱ-307	암	민무늬	무	무	내→외	1.65	갈	Ⅰ1-1	글자
143	계양Ⅱ-309	암	민무늬	무	무	내→외	1.95	회청	Ⅰ1-1	글자
144	계양Ⅱ-311	수	줄무늬	단판	전면	두 번	1.35	적흑	ⅢAb3	물손질
145	계양Ⅱ-312	수	줄무늬	단판	전면	두 번	1.7	적	ⅢAb3	물손질
146	계양Ⅱ-313	수	줄무늬	단판	전면	두 번	1.2	적	ⅢAb3	통쪽, 물손질
147	계양Ⅱ-314	수	빗금줄무늬	단판	전면	내→외	1.6	회	ⅢAb1	빗질

번호	유물번호	종류	무늬	두드림판	두드림법	측면	두께	색조	형식	비고
148	계양Ⅱ-315	수	줄무늬	단판	전면	두 번	1.45	적	ⅢAb3	바깥와도, 물손질
149	계양Ⅱ-317	수	복합무늬	단판	전면	전면	1.75	회청	ⅤAb2	줄무늬+격자, 빗질
150	계양Ⅱ-318	암	줄무늬	단판	전면	전면	1.55	적	ⅢAb2	·
151	계양Ⅱ-319	암	줄무늬	단판	전면	세 번	1.55	적	ⅢAb3	통쪽
152	계양Ⅱ-320	암	줄무늬	단판	전면	전면	1.55	회백	ⅢAb2	빗질
153	계양Ⅱ-321	암	엇댄줄무늬	중판이상	전면	내→외	1.7	흑회	ⅢBb1	·
154	계양Ⅱ-322	암	엇댄줄무늬	중판이상	전면	전면	1.75	회갈	ⅢBb2	빗질
155	계양Ⅱ-323	수	빗금격자무늬	중판이상	전면	외→내	1.75	회	ⅣBb4	물손질
156	계양Ⅱ-324	암	솔잎무늬	중판이상	전면	내→외	2.05	회	ⅣBb1	빗질, 물손질
157	계양Ⅱ-325	암	줄무늬	중판이상	전면	내→외	2.1	갈	ⅢBb1	빗질
158	계양Ⅱ-326	암	추상무늬	중판이상	전면	내→외	2.1	적	ⅣBb1	빗질
159	계양Ⅱ-346	수	민무늬	무	무	내→외	2.1	명갈	Ⅰ1-1	글자 부
160	계양Ⅱ-347	수	줄무늬	단판	전면	두 번	1.6	적	ⅢAb3	부호 이
161	계양Ⅱ-349	암	줄무늬	단판	전면	전면	1.65	적	ⅢAb2	부호
162	계양Ⅱ-351	암	줄무늬	단판	전면	전면	1.85	적	ⅢAb2	부호
163	계양Ⅱ-356	암	격자무늬	단판	전면	전면	1.6	연적	ⅣAb2	부호, 물손질
164	계양Ⅱ-361	수	줄무늬	단판	전면	세 번	1.4	적	ⅢAb3	부호, 물손질
165	계양Ⅱ-364	수	민무늬	무	무	외→내	1.4	회청	Ⅰ4-1	물손질
166	계양Ⅱ-365	수	민무늬	무	무	두 번	1.45	적	Ⅰ3-1	물손질
167	계양Ⅱ-366	수	민무늬	무	무	외→내	1.1	암회	Ⅰ4-1	빗질
168	계양Ⅱ-367	수	줄무늬	단판	전면	두 번	1.35	적	ⅢAb3	물손질
169	계양Ⅱ-368	수	줄무늬	단판	전면	두 번	1.5	적	ⅢAb3	물손질
170	계양Ⅱ-369	수	줄무늬	단판	전면	전면	1.8	적	ⅢAb2	빗질
171	계양Ⅱ-370	수	줄무늬	단판	전면	전면	1.2	적	ⅢAb2	·
172	계양Ⅱ-371	수	솔잎무늬	장판추정	전면	외→내	1.5	적	ⅤCb4	·
173	계양Ⅱ-373	수	복합무늬	중판이상	전면	외→내	1.65	회청	ⅤBb4	물손질
174	계양Ⅱ-374	암	줄무늬	단판	전면	두 번	1.25	적	ⅢAb3	·
175	계양Ⅱ-375	암	줄무늬	단판	전면	세 번	1.45	적	ⅢAb3	·
176	계양Ⅱ-376	암	줄무늬	단판	전면	두 번	1.45	적	ⅢAb3	·
177	계양Ⅱ-379	암	줄무늬	단판	전면	내→외	1.95	적	ⅢAb1	완형, 통쪽, 물손질
178	계양Ⅱ-380	암	줄무늬	단판	전면	전면	1.1	적	ⅢAb2	빗질
179	계양Ⅱ-383	암	줄무늬	단판	전면	내→외	1.8	회청	ⅢAb1	·
180	계양Ⅱ-384	암	줄무늬	단판	전면	내→외	2.15	명갈	ⅢAb1	빗질
181	계양Ⅱ-385	암	줄무늬	단판	전면	두 번	1.15	적	ⅢAb3	통쪽, 물손질
182	계양Ⅱ-386	암	줄무늬	단판	전면	두 번	1.7	적	ⅢAb3	통쪽, 물손질

번호	유물번호	종류	무늬	두드림판	두드림법	측면	두께	색조	형식	비고
183	계양 II -387	암	격자무늬	단판	전면	전면	1.95	적	IVAb2	물손질
184	계양 II -388	암	격자무늬	단판	전면	전면	2.15	적	IVAb2	물손질
185	계양 II -390	암	빗금격자무늬	중판추정	전면	내→외	1.6	회청	IVBb1	물손질
186	계양 II -419	암	민무늬	무	무	내→외	1.5	회청	I 1-1	글자 주부
187	계양 II -421	암	민무늬	무	무	내→외	2.1	회청	I 1-1	글자 부, 물손질
188	계양 II -425	수	줄무늬	단판	전면	외→내	1.85	회청	IIIAb4	물손질
189	계양 II -427	수	빗금격자무늬	장판	부분	내→외	1.45	회청	IVCb1	빗질
190	계양 II -431	암	민무늬	무	무	내→외	1.3	회청	I 1-1	빗질
191	계양 II -432	암	민무늬	무	무	내→외	2.05	회	I 1-1	물손질
192	계양 II -434	암	복합무늬	중판	무	내→외	2.1	암갈	V Ba1	빗질
193	계양 II -446	수	민무늬	무	무	내→외	1.3	회청	I 1-1	물손질
194	계양 II -447	수	민무늬	무	무	내→외	2.25	회청	I 1-1	빗질
195	계양 II -448	수	민무늬	무	무	내→외	2	회청	I 1-1	물손질, 빗질
196	계양 II -450	암	엇댄줄무늬	단판	전면	전면	1.5	암회청	IIIAb2	빗질
197	계양 II -451	암	엇댄줄무늬	중판이상	전면	내→외	1.7	회청	IIIBb1	빗질
198	계양 II -457	암	민무늬	무	무	내→외	1.9	회청	I 1-1	글자 부, 빗질
199	계양 II -458	수	솔잎무늬	중판이상	전면	외→내	1.65	회청	V Bb4	글자 부, 물손질
200	계양 II -459	암	솔잎무늬	중판이상	전면	내→외	1.85	명갈	V Bb1	글자 부
201	계양 II -460	암	솔잎무늬	중판이상	전면	내→외	1.35	적갈	V Bb1	글자 부, 빗질
202	계양 II -461	암	솔잎무늬	중판이상	전면	내→외	2.05	회청	V Bb1	글자 부, 빗질
203	계양 II -465	수	민무늬	무	무	내→외	1.95	회청	I 1-1	물손질, 빗질
204	계양 II -466	수	민무늬	무	무	내→외	2.05	회청	I 1-1	빗질
205	계양 II -467	수	민무늬	무	무	내→외	2.35	회청	I 1-1	물손질, 빗질
206	계양 II -469	암	엇댄줄무늬	중판추정	전면	내→외	1.75	회청	IIIBb1	물손질
207	계양 II -470	암	격자무늬	단판	전면	내→외	1.8	갈	IVAb1	빗질
208	계양 II -471	암	빗금격자무늬	중판추정	부분	내→외	1.8	갈	IVBa1	물손질, 빗질
209	계양 II -472	암	줄무늬	단판	전면	전면	2.2	명갈	IIIAb2	하단 무늬, 빗질
210	계양 II -473	암	복합무늬	중판이상	전면	내→외	1.8	암회	V Bb1	격자+빗금격자, 빗질
211	계양 II -506	수	민무늬	무	무	내→외	1.9	회청	I 1-1	글자 십부관
212	계양 II -507	암	민무늬	무	무	내→외	1.6	명적	I 1-1	글자 부관대
213	계양 II -509	암	솔잎무늬	중판이상	전면	내→외	1.65	암회	V Bb1	글자 주
214	계양 II -510	암	솔잎무늬	중판추정	전면	내→외	1.8	회청	Bb1	글자 부, 물손질
215	계양 II -511	암	민무늬	무	무	내→외	1.85	회	I 1-1	글자 부, 빗질
216	계양 II -512	암	솔잎무늬	중판이상	부분	내→외	1.45	회	V Ba1	물손질, 빗질
217	계양 II -513	암	솔잎무늬	중판이상	전면	내→외	1.6	회청	V Bb1	글자 부

번호	유물번호	종류	무늬	두드림판	두드림법	측면	두께	색조	형식	비고
218	계양Ⅱ-514	암	솔잎무늬	중판이상	전면	전면	1.75	회청	ⅤBb2	글자 부, 물손질
219	계양Ⅱ-515	암	솔잎무늬	중판이상	전면	외→내	1.75	회청	ⅤBb4	글자 부
220	계양Ⅱ-516	암	솔잎무늬	중판이상	전면	내→외	1.65	회청	ⅤBb1	글자 부, 물손질
221	계양Ⅱ-517	수	솔잎무늬	중판이상	전면	외→내	1.55	회청	ⅤBb1	글자 부, 물손질
222	계양Ⅱ-520	암	민무늬	무	무	내→외	1.95	회청	Ⅰ1-1	글자 초
223	계양Ⅱ-522	수	민무늬	무	무	내→외	1.5	회청	Ⅰ1-1	빗질
224	계양Ⅱ-523	수	민무늬	무	무	내→외	2.05	회청	Ⅰ1-1	물손질, 빗질
225	계양Ⅱ-525	수	줄무늬	단판	전면	전면	1.75	명갈	ⅢAb2	·
226	계양Ⅱ-526	수	줄무늬	단판	전면	내→외	2.45	회청	ⅢAb1	·
227	계양Ⅱ-527	수	줄무늬	단판	전면	전면	2.1	명황	ⅢAb2	빗질
228	계양Ⅱ-528	수	엇댄줄무늬	중판	전면	외→내	2	회청	ⅢBb4	·
229	계양Ⅱ-529	수	엇댄줄무늬	중판이상	전면	전면	1.75	회청	ⅢBb2	물손질
230	계양Ⅱ-530	수	격자무늬	중판이상	전면	외→내	1.9	명갈	ⅣBb4	·
231	계양Ⅱ-531	수	민무늬	무	무	전면	1.7	회청	Ⅰ2-1	물손질, 빗질
232	계양Ⅱ-534	수	빗금격자무늬	중판이상	전면	내→외	1.9	명회	ⅣBb1	물손질, 빗질
233	계양Ⅱ-547	수	복합무늬	중판이상	전면	외→내	2.1	회녹	ⅤBb4	종선+솔잎
234	계양Ⅱ-550	수	복합무늬	장판	전면	내→외	1.75	회청	ⅤCb1	물손질
235	계양Ⅱ-551	암	민무늬	무	무	내→외	1.35	청회	Ⅰ1-1	물손질
236	계양Ⅱ-552	암	줄무늬	단판	전면	내→외	1.95	명회	ⅢAb1	물손질
237	계양Ⅱ-553	암	줄무늬	단판	전면	전면	1.8	흑	ⅢAb2	빗질
238	계양Ⅱ-554	암	줄무늬	단판	전면	내→외	1.5	회청	ⅢAb1	물손질
239	계양Ⅱ-555	암	줄무늬	단판	전면	내→외	1.55	명회	ⅢAb1	빗질
240	계양Ⅱ-556	암	줄무늬	중판	전면	내→외	2.05	명황	ⅢBb1	물손질
241	계양Ⅱ-557	암	엇댄줄무늬	중판	전면	전면	2.05	적	ⅢBb2	빗질
242	계양Ⅱ-558	암	엇댄줄무늬	중판	전면	내→외	1.8	회청	ⅢBb1	빗질
243	계양Ⅱ-559	암	엇댄줄무늬	중판	전면	내→외	1.6	회청	ⅢBb1	물손질
244	계양Ⅱ-560	암	엇댄줄무늬	중판추정	전면	전면	1.8	명적	ⅢBb2	빗질
245	계양Ⅱ-561	암	엇댄줄무늬	중판추정	전면	내→외	2.1	회	ⅢBb1	빗질
246	계양Ⅱ-562	암	엇댄줄무늬	중판추정	전면	내→외	2.1	회청	ⅢBb1	빗질
247	계양Ⅱ-563	암	빗금격자무늬	단판추정	전면	전면	2.05	명적	ⅣAb2	·
248	계양Ⅱ-564	암	빗금격자무늬	단판	전면	두 번	2.05	명갈	ⅣAb3	빗질
249	계양Ⅱ-565	암	빗금격자무늬	단판추정	전면	전면	1.85	명적	ⅣAb2	물손질
250	계양Ⅱ-567	암	빗금격자무늬	중판추정	전면	전면	2.1	명회황	ⅣBb2	빗질
251	계양Ⅱ-568	암	빗금격자무늬	중판이상	전면	내→외	1.65	회	ⅣBb1	빗질
252	계양Ⅱ-569	암	빗금격자무늬	중판이상	전면	내→외	2.15	명자갈	ⅣBb1	·

번호	유물번호	종류	무늬	두드림판	두드림법	측면	두께	색조	형식	비고
253	계양Ⅱ-570	암	빗금격자무늬	중판	전면	내→외	1.85	회청	ⅣBb1	·
254	계양Ⅱ-571	수	빗금격자무늬	중판	부분	외→내	1.05	회	ⅣBa4	빗질
255	계양Ⅱ-572	암	솔잎무늬	중판이상	전면	내→외	2.15	암회	ⅤBb1	·
256	계양Ⅱ-574	수	솔잎무늬	중판	전면	전면	1.9	연적	ⅤBb2	·
257	계양Ⅱ-575	수	솔잎무늬	중판이상	전면	전면	1.65	연적	ⅤBb2	빗질
258	계양Ⅱ-576	암	솔잎무늬	중판이상	전면	두 번	2.55	갈	ⅤBb3	물손질
259	계양Ⅱ-577	암	솔잎무늬	중판이상	전면	내→외	2.25	암회청	ⅤBb1	빗질
260	계양Ⅱ-578	암	추상무늬	중판이상	전면	내→외	2.05	암회청	ⅤBb1	빗질, 물손질
261	계양Ⅱ-579	암	복합무늬	중판이상	전면	내→외	1.85	회청	ⅤBb1	솔잎+줄, 물손질
262	계양Ⅱ-580	암	복합무늬	중판이상	전면	내→외	1.8	회청	ⅤBb1	솔잎+줄, 물손질
263	계양Ⅱ-582	암	복합무늬	중판	부분	내→외	2.15	회청	ⅤBa1	물손질
264	계양Ⅱ-583	암	복합무늬	중판이상	전면	내→외	2.55	회	ⅤBb1	빗질
265	계양Ⅱ-588	암	복합무늬	중판추정	부분	내→외	1.7	회	ⅤBa1	물손질
266	계양Ⅱ-589	암	복합무늬	중판	부분	내→외	1.3	회	ⅤBa1	·
267	계양Ⅱ-590	암	복합무늬	중판	부분	내→외	1.25	회청	ⅤBa1	빗질
268	계양Ⅱ-591	암	복합무늬	중판이상	전면	내→외	2	명갈	ⅤBb1	·
269	계양Ⅱ-596	암	복합무늬	중판이상	전면	내→외	1.9	회청	ⅤBb1	글자 부, 솔잎+줄
270	계양Ⅱ-599	수	민무늬	무	무	내→외	2.45	회청	Ⅰ1-1	물손질
271	계양Ⅱ-602	수	솔잎무늬	중판이상	전면	외→내	1.8	명갈	ⅤBb4	글자 주부, 물손질
272	계양Ⅱ-607	수	빗금격자무늬	단판	전면	내→외	1.7	회청	ⅣAb1	물손질, 빗질
273	계양Ⅱ-608	암	줄무늬	단판	전면	내→외	2.1	회	ⅢAb1	물손질
274	계양Ⅱ-609	암	엇댄줄무늬	중판이상	전면	내→외	2	암회청	ⅢBb1	물손질
275	계양Ⅱ-610	암	엇댄줄무늬	장판	부분	내→외	2.4	회청	ⅢCa1	빗질
276	계양Ⅱ-611	암	빗금격자무늬	단판	전면	두 번	2.5	암회	ⅣAb3	물손질, 빗질
277	계양Ⅱ-612	암	솔잎무늬	장판	부분	내→외	1.6	회청	ⅤCa1	빗질
278	계양Ⅱ-613	암	복합무늬	장판추정	부분	내→외	2.2	회청	ⅤCa1	추상+방곽
279	계양Ⅱ-650	암	민무늬	무	무	내→외	2.05	회청	Ⅰ1-1	글자 주부, 물손질
280	계양Ⅱ-651	암	민무늬	무	무	전면	1.5	회청	Ⅰ1-1	글자 부관대, 빗질
281	계양Ⅱ-653	수	복합무늬	중판이상	전면	내→외	1.35	회청	ⅤBb1	글자 주, 물손질
282	계양Ⅱ-659	수	복합무늬	중판이상	전면	외→내	1.4	회청	ⅤBb4	글자 부
283	계양Ⅱ-661	암	줄무늬	단판	전면	전면	2.2	적	ⅢAb2	부호 일
284	계양Ⅱ-663	암	민무늬	무	무	내→외	2.05	회청	Ⅰ1-1	글자 초관
285	계양Ⅱ-670	암	민무늬	무	무	내→외	1.5	회청	Ⅰ1-1	글자 ?주, 물손질
286	계양Ⅱ-675	수	줄무늬	단판	부분	전면	2.4	적	ⅢAa2	물손질
287	계양Ⅱ-676	수	줄무늬	단판	전면	전면	1.4	회청	ⅢAb2	빗질

번호	유물번호	종류	무늬	두드림판	두드림법	측면	두께	색조	형식	비고
288	계양II-677	수	줄무늬	단판	전면	전면	1.25	회황	IIIAb2	빗질
289	계양II-681	수	꼰무늬	장판	전면	두 번	1.25	명갈	IICb2	·
290	계양II-685	수	줄무늬	단판	전면	전면	1.8	회	IIIAb2	빗질
291	계양II-686	수	복합무늬	중판이상	전면	내→외	1.7	회청	VBb1	물손질
292	계양II-687	수	복합무늬	중판이상	부분	내→외	1.4	회청	VBa1	빗금격자무늬+방곽, 빗질, 물손질
293	계양II-688	수	복합무늬	중판이상	전면	내→외	1.65	적	VBb1	엇댄줄+X
294	계양II-689	수	복합무늬	장판	전면	내→외	1.7	회	VBb1	엇댄줄+솔잎?
295	계양II-691	암	줄무늬	단판	전면	두 번	2.35	회청	IIIAb2	물손질
296	계양II-693	암	격자무늬	단판	전면	전면	1.4	명회	IVAb2	물손질
297	계양II-694	암	엇댄줄무늬	중판이상	전면	내→외	2.05	적	IIIBb1	·
298	계양II-695	암	엇댄줄무늬	단판	전면	내→외	1.65	회청	IIIAb1	빗질
299	계양II-696	암	엇댄줄무늬	단판	전면	내→외	1.65	회청	IIIAb1	빗질
300	계양II-697	암	엇댄줄무늬	단판	전면	내→외	2.35	회청	IIIAb1	빗질
301	계양II-698	암	엇댄줄무늬	단판	전면	내→외	2.05	회청	IIIAb1	물손질
302	계양II-699	암	엇댄줄무늬	단판	전면	내→외	1.9	암회청	IIIAb1	빗질
303	계양II-700	암	엇댄줄무늬	단판	전면	내→외	1.45	회청	IIIAb1	·
304	계양II-702	암	엇댄줄무늬	단판	전면	내→외	1.55	회청	IIIAb1	빗질
305	계양II-704	암	격자무늬	단판	전면	전면	1.5	적	IVAb2	통쪽, 물손질
306	계양II-705	암	빗금격자무늬	단판	전면	두 번	2.7	명회	IVAb3	물손질, 빗질
307	계양II-706	암	빗금격자무늬	중판	전면	내→외	1.8	녹회	IVBb1	물손질
308	계양II-707	암	빗금격자무늬	중판추정	전면	내→외	2	회청	IVBb1	물손질
309	계양II-708	암	빗금격자무늬	중판이상	전면	내→외	2.15	회적	IVBb1	물손질
310	계양II-709	암	빗금격자무늬	중판이상	전면	내→외	1.95	회청	IVBb1	빗질
311	계양II-712	암	빗금격자무늬	중판	전면	내→외	1.7	회청	IVBb1	빗질
312	계양II-713	암	꼰무늬	중판이상	전면	두 번	1.2	회청	IIBb2	·
313	계양II-714	암	솔잎무늬	중판이상	전면	내→외	2.05	회적	IVBb1	빗질
314	계양II-715	암	솔잎무늬	장판	전면	내→외	1.9	적	VCb1	빗질
315	계양II-716	암	솔잎무늬	중판이상	전면	내→외	2.05	적	IVBb1	물손질
316	계양II-717	암	솔잎무늬	중판이상	전면	전면	2.1	적갈	IVBb1	빗질
317	계양II-718	암	솔잎무늬	중판이상	전면	전면	2.05	적갈	IVBb2	빗질
318	계양II-719	암	톱니무늬	중판이상	전면	전면	1.5	연갈	IVBb2	·
319	계양II-721	암	추상무늬	단판추정	부분	내→외	1.8	명회청	IVAa1	·
320	계양II-722	암	추상무늬	중판이상	전면	두 번	1.8	암회갈	IVBb2	·
321	계양II-724	암	복합무늬	장판	전면	내→외	2.7	회갈	VCb1	격자+솔잎, 빗질

번호	유물번호	종류	무늬	두드림판	두드림법	측면	두께	색조	형식	비고
322	계양 II -725	암	복합무늬	중판	전면	내→외	1.85	회청	V Bb1	격자+방곽, 물손질, 빗질
323	계양 II -727	암	복합무늬	중판추정	전면	내→외	1.45	회청	V Bb1	격자+솔잎, 빗질
324	계양 II -728	암	복합무늬	중판이상	전면	내→외	1.9	회청	V Bb1	솔잎+동심원, 빗질
325	계양 II -729	암	복합무늬	장판	전면	내→외	1.9	회	V Cb1	솔잎+추상+격자
326	계양 II -730	암	복합무늬	중판이상	전면	내→외	1.85	적	V Bb1	솔잎+격자, 물손질
327	계양 II -731	암	복합무늬	중판이상	전면	내→외	1.45	회청	V Bb1	솔잎+방곽, 물손질
328	계양 II -732	암	복합무늬	장판	전면	내→외	1.75	적갈	V Cb1	엇댄줄+X
329	계양 II -764	수	솔잎무늬	장판	전면	외→내	1.45	적회	V Cb4	글자 부, 물손질, 빗질
330	계양 II -765	암	솔잎무늬	단판	전면	내→외	2.5	회청	V Ab1	글자 부, 빗질
331	계양 II -767	수	솔잎무늬	단판	전면	외→내	1.8	회청	V Ab4	글자 부
332	계양 II -779	수	민무늬	무	무	내→외	2.1	회청	I 1-1	물손질
333	계양 II -781	수	줄무늬	단판	전면	외→내	1.7	적갈	III Ab4	물손질
334	계양 II -782	수	줄무늬	단판	전면	외→내	1.7	적갈	III Ab4	내외자르기, 물손질, 빗질
335	계양 II -783	수	줄무늬	단판	전면	전면	1.35	회청	III Ab2	외측자르기, 빗질
336	계양 II -784	수	줄무늬	단판	전면	전면	1.5	회	III Ab2	외측자르기, 물손질
337	계양 II -785	수	줄무늬	단판	전면	전면	1.75	회	III Ab2	외측자르기, 빗질
338	계양 II -786	수	줄무늬	단판	전면	전면	1.35	적갈	III Ab2	외측자르기, 물손질
339	계양 II -787	수	줄무늬	단판	전면	전면	1.55	명회	III Ab2	빗질
340	계양 II -788	수	줄무늬	단판	전면	전면	1.85	회	III Ab2	물손질
341	계양 II -789	수	엇댄줄무늬	중판	전면	외→내	1.3	회청	III Bb4	물손질
342	계양 II -790	수	격자무늬	단판	전면	외→내	1.65	적	IV Ab4	·
343	계양 II -791	수	격자무늬	단판	전면	전면	1.85	회청	IV Ab2	물손질, 빗질
344	계양 II -792	수	격자무늬	단판	전면	내→외	1.7	명회	IV Ab1	·
345	계양 II -793	수	격자무늬	단판	전면	외→내	1.9	명황갈	IV Ab4	빗질
346	계양 II -794	수	빗금격자무늬	단판	전면	전면	2.15	명적	IV Ab2	물손질
347	계양 II -795	수	꼰무늬	단판	전면	전면	1.65	회청	II Ab2	·
348	계양 II -796	수	솔잎무늬	장판	전면	외→내	1.45	회청	V Cb4	내외자르기, 빗질
349	계양 II -797	수	솔잎무늬	장판	전면	외→내	1.8	회청	V Cb4	내외자르기, 빗질
350	계양 II -799	수	복합무늬	단판	전면	외→내	1.85	회청	V Ab4	격자+줄무늬, 물손질
351	계양 II -800	수	복합무늬	단판	전면	전면	1.7	회청	V Ab2	격자+줄무늬, 빗질, 물손질
352	계양 II -801	수	복합무늬	단판	전면	전면	1.8	회	V Ab2	격자+줄무늬, 물손질
353	계양 II -803	수	복합무늬	단판	전면	전면	1.75	회	V Ab2	격자+줄무늬, 물손질
354	계양 II -805	수	복합무늬	장판	전면	내→외	1.65	회흑	V Cb1	솔잎+방곽, 빗질
355	계양 II -806	암	민무늬	무	무	세 번	2.2	적	I 3-1	빗질
356	계양 II -808	암	줄무늬	단판	전면	전면	1.45	적	III Ab2	물손질

번호	유물번호	종류	무늬	두드림판	두드림법	측면	두께	색조	형식	비고
357	계양Ⅱ-810	암	줄무늬	단판	전면	내→외	2.15	회청	ⅢAb1	빗질
358	계양Ⅱ-811	암	줄무늬	단판	전면	내→외	1.75	백	ⅢAb1	빗질
359	계양Ⅱ-812	암	줄무늬	단판	전면	내→외	2.3	명회	ⅢAb1	빗질
360	계양Ⅱ-813	암	엇댄줄무늬	단판	전면	내→외	1.35	회청	ⅢAb1	물손질
361	계양Ⅱ-814	암	엇댄줄무늬	단판	전면	내→외	1.75	회청	ⅢAb1	빗질
362	계양Ⅱ-816	암	엇댄줄무늬	중판이상	전면	내→외	2.05	적	ⅢAb1	빗질
363	계양Ⅱ-817	암	톱니무늬	단판	전면	네 번	2.05	명회	ⅤAb3	물손질
364	계양Ⅱ-818	암	엇댄줄무늬	중판이상	전면	내→외	2.3	회	ⅢBb1	빗질
365	계양Ⅱ-819	암	격자무늬	단판	전면	내→외	1.9	명회청	ⅣAb1	빗질
366	계양Ⅱ-820	암	격자무늬	단판	전면	내→외	1.75	명황갈	ⅣAb1	물손질
367	계양Ⅱ-821	암	격자무늬	단판	전면	전면	1.45	명갈	ⅣAb2	빗질
368	계양Ⅱ-823	암	격자무늬	단판	전면	두 번	2.2	명회	ⅣAb3	빗질
369	계양Ⅱ-824	암	빗금격자무늬	단판	전면	전면	1.8	회	ⅣAb2	빗질
370	계양Ⅱ-825	암	빗금격자무늬	단판	전면	전면	1.75	명적	ⅣAb2	빗질
371	계양Ⅱ-830	암	솔잎무늬	중판추정	전면	내→외	1.7	명회청	ⅤBb1	빗질
372	계양Ⅱ-831	암	솔잎무늬	중판추정	전면	내→외	2.3	명회청	ⅤBb1	빗질
373	계양Ⅱ-832	암	꽃무늬	중판추정	전면	내→외	2.3	회청	ⅤBb1	물손질
374	계양Ⅱ-833	암	줄무늬	단판	전면	내→외	1.8	회청	ⅢAb1	빗질
375	반월종-수4	수	줄무늬	단판	전면	내→외	1.15	회백	ⅢAb1	·
376	반월종-수5	수	줄무늬	단판	전면	내→외	1.15	회백	ⅢAb1	·
377	반월종-수6	수	줄무늬	단판	전면	세 번	1.3	회백	ⅢAb3	·
378	반월종-수7	수	줄무늬	단판	전면	내→외	1.05	회백	ⅢAb1	·
379	반월종-수8	수	줄무늬	단판	전면	내→외	1.3	적갈	ⅢAb1	·
380	반월종-수9	수	줄무늬	단판	전면	내→외	1.7	회백	ⅢAb1	·
381	반월종-수10	수	줄무늬	단판	전면	내→외	1.75	적갈	ⅢAb1	·
382	반월종-수13	수	줄무늬	단판	전면	세 번	1.65	회청	ⅢAb3	·
383	반월종-수14	수	줄무늬	단판	전면	내→외	1.3	회청	ⅢAb1	내림면 줄무늬
384	반월종-수15	수	줄무늬	단판	전면	세 번	2.05	회청	ⅢAb3	내림면 줄무늬
385	반월종-수16	수	줄무늬	단판	전면	세 번	1.55	회청	ⅢAb3	내림면 줄무늬
386	반월종-수17	수	줄무늬	단판	전면	내→외	1.65	회청	ⅢAb1	내림면 줄무늬
387	반월종-수18	수	줄무늬	단판	전면	내→외	1.9	황회	ⅢAb1	내림면 줄무늬
388	반월종-수19	수	줄무늬	단판	전면	내→외	1.8	회청	ⅢAb1	내림면 줄무늬
389	반월종-수20	수	줄무늬	단판	전면	세 번	2.05	회청	ⅢAb3	내림면 줄무늬
390	반월종-수21	수	줄무늬	단판	전면	세 번	1.7	회청	ⅢAb3	내림면 줄무늬
391	반월종-수22	수	줄무늬	단판	전면	내→외	1.5	명회	ⅢAb1	내림면 줄무늬

번호	유물번호	종류	무늬	두드림판	두드림법	측면	두께	색조	형식	비고
392	반월종-수23	수	줄무늬	단판	전면	내→외	1.35	회청	IIIAb1	내림면 줄무늬
393	반월종-수24	수	줄무늬	단판	전면	내→외	1.75	회청	IIIAb1	내림면 줄무늬
394	반월종-수25	수	줄무늬	단판	전면	내→외	1.7	회백	IIIAb1	내림면 줄무늬
395	반월종-수26	수	줄무늬	단판	전면	세 번	1.65	명회	IIIAb3	내림면 줄무늬
396	반월종-수27	수	줄무늬	단판	전면	내→외	1.2	황갈	IIIAb1	내림면 줄무늬
397	반월종-수28	수	줄무늬	단판	전면	내→외	1.35	회갈	IIIAb1	내림면 줄무늬
398	반월종-수30	수	줄무늬	단판	전면	내→외	2.1	회청	IIIAb1	내림면 줄무늬
399	반월종-수31	수	줄무늬	단판	전면	내→외	1.75	회백	IIIAb1	내림면 줄무늬
400	반월종-수32	수	줄무늬	단판	전면	세 번	1.5	회청	IIIAb3	내림면 줄무늬
401	반월종-수33	수	줄무늬	단판	전면	내→외	1.35	회청	IIIAb1	내림면 줄무늬
402	반월종-수35	수	줄무늬	단판	전면	두 번	1.4	회	IIIAb3	내림면 줄무늬
403	반월종-수36	수	줄무늬	단판	전면	내→외	1.8	회청	IIIAb1	내림면 줄무늬
404	반월종-수37	수	줄무늬	단판	전면	내→외	1.65	명회	IIIAb1	내림면 줄무늬
405	반월종-수39	수	줄무늬	단판	전면	두 번	1.35	회흑	IIIAb3	내림면 줄무늬
406	반월종-수40	수	줄무늬	단판	전면	내→외	1.05	회흑	IIIAb1	내림면 줄무늬
407	반월종-수42	수	줄무늬	단판	전면	두 번	1.75	명회	IIIAb3	·
408	반월종-수43	수	줄무늬	단판	전면	내→외	1.9	회청	IIIAb1	·
409	반월종-수44	수	줄무늬	단판	전면	외→내	1.05	회청	IIIAb4	·
410	반월종-수45	수	줄무늬	단판	전면	세 번	1.55	회갈	IIIAb3	·
411	반월종-수46	수	줄무늬	단판	전면	내→외	1.05	회청	IIIAb1	·
412	반월종-수47	수	줄무늬	단판	전면	내→외	1.7	흑갈	IIIAb1	내림면 줄무늬
413	반월종-수48	수	줄무늬	단판	전면	내→외	0.95	회청	IIIAb1	내림면 줄무늬
414	반월종-수49	수	줄무늬	단판	전면	내→외	1.55	명회	IIIAb1	내림면 줄무늬
415	반월종-수50	수	줄무늬	단판	전면	세 번	1.25	명회	IIIAb3	내림면 줄무늬
416	반월종-수51	수	줄무늬	단판	전면	세 번	1.85	명회	IIIAb3	내림면 줄무늬
417	반월종-수52	수	줄무늬	단판	전면	내→외	1.75	암회	IIIAb1	내림면 줄무늬
418	반월종-수53	수	줄무늬	단판	전면	세 번	1.55	명회	IIIAb3	내림면 줄무늬
419	반월종-수54	수	줄무늬	단판	전면	내→외	1.7	회갈	IIIAb1	·
420	반월종-수56	수	가로줄무늬	장판추정	전면	내→외	1.85	회백	IIICb1	·
421	반월종-수57	수	가로줄무늬	장판추정	전면	내→외	1.65	회갈	IIICb1	·
422	반월종-수58	수	가로줄무늬	장판추정	전면	내→외	1.2	회갈	IIICb1	·
423	반월종-수59	수	가로줄무늬	장판추정	전면	내→외	1.85	황갈	IIICb1	·
424	반월종-수61	수	가로줄무늬	장판추정	전면	내→외	1.35	회갈	IIICb1	·
425	반월종-수63	수	가로줄무늬	장판	전면	내→외	1.95	회청	IIICb1	·
426	반월종-수64	수	가로줄무늬	장판	전면	내→외	1.55	회청	IIICb1	·

번호	유물번호	종류	무늬	두드림판	두드림법	측면	두께	색조	형식	비고
427	반월종-수66	수	격자무늬	단판추정	전면	내→외	1.4	회백	ⅣAb1	·
428	반월종-수67	수	빗금격자무늬	장판추정	전면	내→외	1.5	회	ⅣCb1	·
429	반월종-수68	수	빗금격자무늬	장판추정	전면	내→외	1.55	황갈	ⅣCb1	·
430	반월종-수69	수	빗금격자무늬	장판추정	전면	내→외	2.2	황갈	ⅣCb1	·
431	반월종-수70	수	빗금격자무늬	장판추정	전면	내→외	1.5	회흑	ⅣCb1	·
432	반월종-수71	수	빗금격자무늬	장판추정	전면	내→외	1.75	명회	ⅣCb1	·
433	반월종-수72	수	빗금격자무늬	장판추정	전면	내→외	1.3	회청	ⅣCb1	·
434	반월종-수73	수	빗금격자무늬	장판	전면	내→외	2.05	회청	ⅣCb1	·
435	반월종-수75	수	빗금격자무늬	장판	전면	내→외	1.15	회	ⅣCb1	·
436	반월종-수76	수	겹줄무늬	장판	전면	내→외	1.85	회갈	ⅢCb1	·
437	반월종-수78	수	겹줄무늬	장판	전면	내→외	1.1	회갈	ⅢCb1	·
438	반월종-수79	수	겹줄무늬	장판	전면	내→외	1.05	회백	ⅢCb1	·
439	반월종-수80	수	겹줄무늬	장판	전면	내→외	1.15	회	ⅢCb1	·
440	반월종-수81	수	엇댄줄무늬	장판	전면	내→외	1.6	회청	ⅢCb1	·
441	반월종-수83	수	엇댄줄무늬	장판추정	전면	내→외	1.6	황갈	ⅢCb1	·
442	반월종-수84	수	엇댄줄무늬	장판추정	전면	내→외	1.55	회갈	ⅢCb1	·
443	반월종-수86	수	솔잎무늬	장판	전면	외→내	1.4	회청	ⅤCb4	·
444	반월종-수87	수	솔잎무늬	장판	전면	내→외	1.35	회청	ⅤCb1	·
445	반월종-수88	수	솔잎무늬	장판	전면	내→외	1.65	황갈	ⅤCb1	·
446	반월종-수89	수	솔잎무늬	장판	전면	내→외	1.3	흑갈	ⅤCb1	·
447	반월종-수90	수	꽃무늬	장판	전면	내→외	1.2	회청	ⅤCb1	·
448	반월종-수91	수	꽃무늬	장판	전면	내→외	1.6	적갈	ⅤCb1	·
449	반월종-수92	수	꽃무늬	장판	전면	내→외	1.75	암갈	ⅤCb1	·
450	반월종-수93	수	꽃무늬	장판	전면	내→외	1.05	회청	ⅤCb1	·
451	반월종-수94	수	꽃무늬	장판	전면	내→외	2.1	황갈	ⅤCb1	·
452	반월종-수95	수	복합무늬	장판	전면	내→외	1.85	황갈	ⅤCb1	솔잎?+격자
453	반월종-수97	수	복합무늬	장판	전면	외→내	1.9	명회	ⅤCb4	엇댄줄+방곽?, 와도내외
454	반월종-수98	수	복합무늬	장판	전면	내→외	1.75	회청	ⅤCb1	솔잎+격자+방곽
455	반월종-수99	수	복합무늬	장판	전면	내→외	1.9	회	ⅤCb1	상동
456	반월종-수100	수	복합무늬	장판	전면	내→외	1.9	암갈	ⅤCb1	격자+꽃
457	반월종-수101	수	복합무늬	장판	전면	내→외	1.8	회갈	ⅤCb1	빗금격자+꽃+추상
458	반월종-수102	수	복합무늬	장판	전면	내→외	2.2	암회	ⅤCb1	줄+가로줄
459	반월종-수109	수	복합무늬중복	장판추정	전면	외→내	1.85	황갈	ⅤCb4	가로줄+격자, 와도내외
460	반월종-수110	수	복합무늬중복	장판추정	전면	내→외	1.9	회갈	ⅤCb1	빗금격자+가로줄
461	반월종-암1	암	민무늬	무	무	내→외	1.75	회흑	Ⅰ1-1	빗질

번호	유물번호	종류	무늬	두드림판	두드림법	측면	두께	색조	형식	비고
462	반월종-암2	암	민무늬	무	무	내→외	1.85	회청	I 1-1	빗질
463	반월종-암3	암	민무늬	무	무	내→외	1.8	회흑	I 1-1	빗질
464	반월종-암4	암	민무늬	무	무	내→외	1.65	황갈	I 1-1	빗질
465	반월종-암6	암	민무늬	무	무	내→외	1.6	황갈	I 1-1	빗질
466	반월종-암7	암	민무늬	무	무	내→외	1.75	황갈	I 1-1	두드림자국, 내림면 줄무늬
467	반월종-암8	암	민무늬	무	무	내→외	2.35	회	I 1-1	빗질
468	반월종-암9	암	민무늬	무	무	내→외	1.7	회갈	I 1-1	빗질
469	반월종-암10	암	민무늬	무	무	내→외	1.95	적갈	I 1-1	빗질
470	반월종-암11	암	줄무늬	단판	전면	내→외	1.8	회	IIIAb1	·
471	반월종-암12	암	줄무늬	단판	전면	두 번	1.3	회청	IIIAb3	·
472	반월종-암13	암	줄무늬	단판	전면	내→외	1.15	회백	IIIAb1	·
473	반월종-암14	암	줄무늬	단판	전면	내→외	1.6	회흑	IIIAb1	·
474	반월종-암15	암	줄무늬	단판	전면	내→외	1.05	회백	IIIAb1	·
475	반월종-암16	암	줄무늬	단판	전면	세 번	1.35	회갈	IIIAb3	·
476	반월종-암17	암	줄무늬	단판	전면	세 번	1.6	암회	IIIAb3	·
477	반월종-암19	암	줄무늬	단판	전면	내→외	1.65	회청	IIIAb1	·
478	반월종-암20	암	줄무늬	단판	전면	두 번	2.25	황갈	IIIAb3	·
479	반월종-암21	암	줄무늬	단판	전면	내→외	1.85	회갈	IIIAb1	·
480	반월종-암22	암	줄무늬	단판	전면	내→외	2.3	암갈	IIIAb1	·
481	반월종-암27	암	줄무늬	단판	전면	내→외	1.55	회	IIIAb1	·
482	반월종-암28	암	줄무늬	단판	전면	세 번	1.4	황갈	IIIAb3	·
483	반월종-암29	암	줄무늬	단판	전면	내→외	1.4	회백	IIIAb1	·
484	반월종-암30	암	줄무늬	단판	전면	세 번	1.3	명황	IIIAb3	·
485	반월종-암34	암	줄무늬	단판	전면	세 번	1.75	회흑	IIIAb3	내림면 줄무늬
486	반월종-암35	암	줄무늬	단판	전면	내→외	2.45	회청	IIIAb1	내림면 줄무늬
487	반월종-암36	암	줄무늬	단판	전면	두 번	1.5	회백	IIIAb3	내림면 줄무늬
488	반월종-암37	암	줄무늬	단판	전면	두 번	1.6	명회	IIIAb3	내림면 줄무늬,좌우1,3
489	반월종-암38	암	줄무늬	단판	전면	두 번	1.5	황갈	IIIAb3	내림면 줄무늬
490	반월종-암39	암	줄무늬	단판	전면	두 번	1.2	회백	IIIAb3	내림면 줄무늬
491	반월종-암40	암	줄무늬	단판	전면	내→외	2	황회	IIIAb1	내림면 줄무늬
492	반월종-암41	암	줄무늬	단판	전면	세 번	1.5	회흑	IIIAb3	내림면 줄무늬
493	반월종-암42	암	줄무늬	단판	전면	내→외	1.7	회	IIIAb1	내림면 줄무늬
494	반월종-암43	암	줄무늬	단판	전면	두 번	1.85	회갈	IIIAb3	내림면 줄무늬
495	반월종-암44	암	줄무늬	단판	전면	두 번	1.5	황갈	IIIAb3	내림면 줄무늬
496	반월종-암45	암	줄무늬	단판	전면	내→외	1.75	황갈	IIIAb1	내림면 줄무늬

번호	유물번호	종류	무늬	두드림판	두드림법	측면	두께	색조	형식	비고
497	반월종-암47	암	줄무늬	단판	전면	두 번	1.7	회청	IIIAb3	내림면 줄무늬
498	반월종-암50	암	줄무늬	단판	전면	세 번	2.25	회흑	IIIAb3	내림면 줄무늬
499	반월종-암51	암	줄무늬	단판	전면	두 번	1.2	황갈	IIIAb3	내림면 줄무늬
500	반월종-암53	암	줄무늬	단판	전면	세 번	1.55	회	IIIAb3	내림면 줄무늬
501	반월종-암54	암	줄무늬	단판	전면	내→외	1.7	회청	IIIAb1	내림면 줄무늬
502	반월종-암55	암	줄무늬	단판	전면	두 번	1.45	회	IIIAb3	내림면 줄무늬
503	반월종-암56	암	줄무늬	단판	전면	세 번	1.15	회	IIIAb3	내림면 줄무늬
504	반월종-암57	암	줄무늬	단판	전면	두 번	1.7	암회	IIIAb3	내림면 줄무늬
505	반월종-암58	암	줄무늬	단판	전면	두 번	1.65	명회	IIIAb3	내림면 줄무늬
506	반월종-암59	암	줄무늬	단판	전면	세 번	1.8	회청	IIIAb3	내림면 줄무늬
507	반월종-암60	암	줄무늬	단판	전면	세 번	1.45	회	IIIAb3	내림면 줄무늬
508	반월종-암61	암	줄무늬	단판	전면	두 번	1.9	회백	IIIAb3	·
509	반월종-암62	암	줄무늬	단판	전면	세 번	2	회흑	IIIAb3	·
510	반월종-암63	암	줄무늬	단판	전면	두 번	2.15	회백	IIIAb3	·
511	반월종-암65	암	줄무늬	단판	전면	두 번	1.25	회청	IIIAb3	·
512	반월종-암66	암	줄무늬	단판	전면	두 번	2.15	회백	IIIAb3	·
513	반월종-암68	암	줄무늬	단판	전면	내→외	2.15	회백	IIIAb1	·
514	반월종-암69	암	줄무늬	단판	전면	세 번	1.4	회청	IIIAb3	·
515	반월종-암71	암	줄무늬	단판	전면	내→외	2.05	회백	IIIAb1	·
516	반월종-암72	암	줄무늬	단판	전면	세 번	1.4	황갈	IIIAb3	·
517	반월종-암73	암	줄무늬	단판	전면	세 번	1.25	회청	IIIAb3	·
518	반월종-암75	암	줄무늬	단판	전면	내→외	1.35	황갈	IIIAb1	내림면 줄무늬
519	반월종-암76	암	줄무늬	단판	전면	세 번	1.85	회청	IIIAb3	내림면 줄무늬
520	반월종-암77	암	줄무늬	단판	전면	내→외	1.2	회청	IIIAb1	내림면 줄무늬
521	반월종-암78	암	줄무늬	단판	전면	내→외	1.25	회백	IIIAb1	내림면 줄무늬
522	반월종-암79	암	줄무늬	단판	전면	내→외	1.85	황갈	IIIAb1	내림면 줄무늬
523	반월종-암83	암	줄무늬	단판	전면	세 번	1.55	회갈	IIIAb3	내림면 줄무늬
524	반월종-암84	암	줄무늬	단판	전면	내→외	1.35	회백	IIIAb1	내림면 줄무늬
525	반월종-암85	암	줄무늬	단판	전면	세 번	1.65	회백	IIIAb3	·
526	반월종-암86	암	가로줄무늬	장판추정	전면	내→외	1.95	황갈	IIICb1	·
527	반월종-암95	암	격자무늬	단판	전면	내→외	1.75	적갈	IVAb1	·
528	반월종-암97	암	격자무늬	단판	부분	내→외	1.65	암갈	IVAa1	끝깎기
529	반월종-암98	암	격자무늬	단판	부분	내→외	1.55	회갈	IVAa1	끝깎기
530	반월종-암100	암	빗금격자무늬	장판	전면	내→외	2.45	회갈	IVCb1	끝깎기
531	반월종-암101	암	빗금격자무늬	장판	전면	내→외	1.75	적갈	IVCb1	끝깎기

번호	유물번호	종류	무늬	두드림판	두드림법	측면	두께	색조	형식	비고
532	반월종-암102	암	빗금격자무늬	장판추정	전면	내→외	1.6	암갈	IVCb1	·
533	반월종-암103	암	빗금격자무늬	장판	전면	내→외	2.1	회청	IVCb1	·
534	반월종-암105	암	빗금격자무늬	장판추정	전면	내→외	1.7	회갈	IVCb1	끝깎기
535	반월종-암106	암	빗금격자무늬	장판	전면	내→외	2.1	회	IVCb1	·
536	반월종-암107	암	빗금격자무늬	장판	전면	내→외	1.85	회청	IVCb1	끝깎기
537	반월종-암108	암	빗금격자무늬	장판	전면	내→외	1.85	회갈	IVCb1	끝깎기
538	반월종-암110	암	겹줄무늬	장판	전면	내→외	1.45	회백	IIICb1	끝깎기
539	반월종-암111	암	겹줄무늬	장판	전면	내→외	1.65	회백	IIICb1	·
540	반월종-암114	암	겹줄무늬	장판	전면	내→외	1.85	회갈	IIICb1	·
541	반월종-암115	암	겹줄무늬	장판추정	전면	내→외	1.95	황갈	IIICb1	·
542	반월종-암116	암	엇댄줄무늬	장판	전면	두 번	1.75	회청	IIICb3	끝깎기
543	반월종-암117	암	엇댄줄무늬	장판추정	전면	내→외	1.6	회백	IIICb1	·
544	반월종-암118	암	엇댄줄무늬	장판추정	전면	내→외	1.85	황적	IIICb1	끝깎기
545	반월종-암119	암	엇댄줄무늬	장판추정	전면	내→외	1.7	황갈	IIICb1	끝깎기
546	반월종-암120	암	마름모무늬	장판	전면	두 번	2	회갈	VCb3	·
547	반월종-암121	암	마름모무늬	장판	전면	내→외	1.3	회	VCb1	·
548	반월종-암122	암	마름모무늬	장판	전면	내→외	1.45	회	VCb1	·
549	반월종-암123	암	마름모무늬	장판	전면	내→외	2	회	VCb1	·
550	반월종-암124	암	마름모무늬	장판추정	전면	내→외	1.4	황갈	VCb1	·
551	반월종-암125	암	솔잎무늬	장판	전면	내→외	1.5	회청	VCb1	·
552	반월종-암126	암	솔잎무늬	장판	전면	내→외	1.75	회청	VCb1	·
553	반월종-암127	암	솔잎무늬	장판	전면	내→외	1.6	회갈	VCb1	·
554	반월종-암128	암	솔잎무늬	장판	전면	내→외	1.6	회백	VCb1	끝깎기
555	반월종-암129	암	솔잎무늬	장판	전면	내→외	1.7	회청	VCb1	끝깎기
556	반월종-암130	암	솔잎무늬	장판	전면	내→외	1.75	회흑	VCb1	·
557	반월종-암131	암	솔잎무늬	장판	전면	내→외	1.95	회흑	VCb1	·
558	반월종-암132	암	꽃무늬	장판	전면	두 번	1.65	회갈	VCb3	·
559	반월종-암135	암	꽃무늬	장판	전면	두 번	1.15	암갈	VCb3	·
560	반월종-암136	암	꽃무늬	장판	전면	내→외	1.65	회	VCb1	·
561	반월종-암137	암	꽃무늬	장판	전면	두 번	1.65	회청	VCb3	·
562	반월종-암138	암	복합무늬	장판	전면	내→외	1.9	회갈	VCb1	줄+격자
563	반월종-암141	암	복합무늬	장판추정	전면	내→외	2	적갈	VCb1	격자+추상?
564	반월종-암142	암	복합무늬	장판추정	전면	내→외	1.6	적갈	VCb1	빗금격자+마름모무늬
565	반월종-암144	암	복합무늬	장판추정	전면	내→외	2	적갈	VCb1	솔잎+마름모무늬?, 끝깎기
566	반월종-암145	암	복합무늬	장판추정	전면	내→외	2	적갈	VCb1	엇댄줄+격자

번호	유물번호	종류	무늬	두드림판	두드림법	측면	두께	색조	형식	비고
567	반월종-암146	암	복합무늬	장판추정	전면	내→외	1.7	황갈	V Cb1	격자+엇댄줄?
568	반월종-암147	암	복합무늬	장판	전면	내→외	1.75	회갈	V Cb1	엇댄줄+마름모무늬?
569	반월종-암148	암	복합무늬	장판추정	전면	내→외	1.55	명회	V Cb1	엇댄줄+수레바퀴?
570	반월종-암149	암	복합무늬	장판추정	전면	내→외	1.85	회청	V Cb1	엇댄줄+추상
571	반월종-암151	암	복합무늬	장판	전면	내→외	1.75	적갈	V Cb1	격자+마름모무늬
572	반월종-암152	암	복합무늬	장판	전면	내→외	1.7	회흑	V Cb1	엇댄줄+추상
573	반월종-암154	암	복합무늬	장판추정	전면	내→외	1.85	흑갈	V Cb1	솔잎+추상
574	반월종-암155	암	복합무늬	장판추정	전면	내→외	1.75	황회	V Cb1	·
575	반월종-암156	암	복합무늬	장판추정	전면	내→외	1.7	회백	V Cb1	·
576	반월종-암157	암	복합무늬	장판추정	전면	내→외	1.45	회백	V Cb1	·
577	반월종-암158	암	복합무늬	장판	전면	내→외	2.35	회흑	V Cb1	격자+수레바퀴
578	반월종-암160	암	격자무늬	단판	전면	세 번	2.75	적갈	IVAb3	·

2. 유형 분류

서울 독산동과 인천 계양산성, 포천 반월산성 출토기와 중 총 578점의 기와를 대상으로 속성 분석을 진행한 결과 총 104종의 형식이 이론적으로 형성되었고 이 중 45종의 유효한 형식 분류 결과가 나타났다. 자세한 결과는 아래 표와 같다.

104종의 형식 중 45종의 형식 분류 결과이다.

1) 속성 분석 결과

표 4. 기와 속성 분석 결과표

대분류	중분류	소분류	세분류	형식	형식 내용
I	·	·	I 1	I 1	민무늬, 내 → 외 부분분할, 내면 무조정
				I 1-1	민무늬, 내 → 외 부분분할, 내면 조정
			I 2	I 2-1	민무늬, 전면분할, 내면 조정
			I 3	I 3-1	민무늬, 두 번 이상 조정, 내면 조정
			I 4	I 4	민무늬, 외→내 부분분할, 내면 무조정
				I 4-1	민무늬, 외→내 부분분할, 내면 조정
II	II A	II Ab	II Ab2	II Ab2	꼰무늬, 단판, 전면두드림, 전면분할
	II B	II Bb	II Bb2	II Bb2	꼰무늬, 중판, 전면두드림, 전면분할
	II C	II Cb	II Cb2	II Cb2	꼰무늬, 장판, 전면두드림, 전면분할
III	IIIA	IIIAa	IIIAa1	IIIAa1	줄무늬, 단판, 부분두드림, 내 → 외 부분분할
			IIIAa2	IIIAa2	줄무늬, 단판, 부분두드림, 전면분할
		IIIAb	IIIAb1	IIIAb1	줄무늬, 단판, 전면두드림, 내 → 외 부분분할
			IIIAb2	IIIAb2	줄무늬, 단판, 전면두드림, 전면분할
			IIIAb3	IIIAb3	줄무늬, 단판, 전면두드림, 두 번 이상 조정
			IIIAb4	IIIAb4	줄무늬, 단판, 전면두드림, 외→내 부분분할
	IIIB	IIIBb	IIIBb1	IIIBb1	줄무늬, 중판, 전면두드림, 내 → 외 부분분할
			IIIBb2	IIIBb2	줄무늬, 중판, 전면두드림, 전면분할
			IIIBb4	IIIBb4	줄무늬, 중판, 전면두드림, 외→내 부분분할
	IIIC	IIICa	IIICa1	IIICa1	줄무늬, 장판, 부분두드림, 내 → 외 부분분할
		IIICb	IIICb1	IIICb1	줄무늬, 장판, 전면두드림, 내 → 외 부분분할
			IIICb3	IIICb3	줄무늬, 장판, 전면두드림, 두 번 이상 조정

대분류	중분류	소분류	세분류	형 식	형 식 내 용
IV	IVA	IVAa	IVAa1	IVAa1	격자무늬, 단판, 부분두드림, 내 → 외 부분분할
		IVAb	IVAb1	IVAb1	격자무늬, 단판, 전면두드림, 내 → 외 부분분할
			IVAb2	IVAb2	격자무늬, 단판, 전면두드림, 전면분할
			IVAb3	IVAb3	격자무늬, 단판, 전면두드림, 두 번 이상 조정
			IVAb4	IVAb4	격자무늬, 단판, 전면두드림, 외→내 부분분할
	IVB	IVBa	IVBa1	IVBa1	격자무늬, 중판, 부분두드림, 내 → 외 부분분할
			IVBa4	IVBa4	격자무늬, 중판, 부분두드림, 외→내 부분분할
		IVBb	IVBb1	IVBb1	격자무늬, 중판, 전면두드림, 내 → 외 부분분할
			IVBb2	IVBb2	격자무늬, 중판, 전면두드림, 전면분할
			IVBb4	IVBb4	격자무늬, 중판, 전면두드림, 외→내 부분분할
	IVC	IVCb	IVCb1	IVCb1	격자무늬, 장판, 전면두드림, 내 → 외 부분분할
V	VA	VAb	VAb1	VAb1	복합무늬외, 단판, 전면두드림, 내 → 외 부분분할
			VAb2	VAb2	복합무늬외, 단판, 전면두드림, 전면분할
			VAb3	VAb3	복합무늬외, 단판, 전면두드림, 두 번 이상 조정
			VAb4	VAb4	복합무늬외, 단판, 전면두드림, 외→내 부분분할
	VB	VBa	VBa1	VBa1	복합무늬외, 중판, 부분두드림, 내 → 외 부분분할
		VBb	VBb1	VBb1	복합무늬외, 중판, 전면두드림, 내 → 외 부분분할
			VBb2	VBb2	복합무늬외, 중판, 전면두드림, 전면분할
			VBb3	VBb3	복합무늬외, 중판, 전면두드림, 두 번 이상 조정
			VBb4	VBb4	복합무늬외, 중판, 전면두드림, 외→내 부분분할
	VC	VCa	VCa1	VCa1	복합무늬외, 장판, 부분두드림, 내 → 외 부분분할
		VCb	VCb1	VCb1	복합무늬외, 장판, 전면두드림, 내 → 외 부분분할
			VCb3	VCb3	복합무늬외, 장판, 전면두드림, 두 번 이상 조정
			VCb4	VCb4	복합무늬외, 장판, 전면두드림, 외→내 부분분할

위 표는 앞서 언급하였듯이, 유물 분석 기준에서 외면 무늬를 대분류로 하여 Ⅰ(민무늬), Ⅱ(꼰무늬), Ⅲ(줄무늬), Ⅳ(격자무늬), Ⅴ(기타무늬-복합무늬 외)로 구분하고 여기에 중분류로 두드림판 크기를 각각 A(단판), B(중판), C(장판)로 구분하여 병기하였다. 이어서 소분류 기준으로 두드림 방법을 적용하여 a(부분두드림), b(전면두드림)로 구분, 적용하였다. 그리고 세분류로는 측면 분할 방법을 구분하여 1(내 → 외 부분), 2(전면), 3(두 번 이상), 4(외 → 내 부분)로 측면 조정 방식을 정리하였다. 최종적인 형식 분류는 민무늬 계통에 내면 조정 여부를 구분하여 내면 조정한 것에 (-1)을 부기하여 정리하였다. 부연 설명한 내용은 각각의 형식에 적용한 것을 다시 한번 정리한 것이다.

2) 분석 결과 분포 및 형식

이상의 결과는 다음과 같은 분포를 나타낸다.

이 분포표는 분석 대상 기와에 대한 분포 상황을 나타낸다.

유적별로 가장 특징적인 형식을 정리하면, 우선 서울 독산동 유적에서는 총 5개의 형식이 나타난다. 이 중 Ⅰ1형식인, 민무늬에 측면을 내→외로 부분 분할하고 내면조정도 하지 않은 것이 35점으로 가장 많고 ⅢAa1형식인, 줄무늬에 단판이고 부분두드림하였으며 측면을 내→외로 부분 분할한 것이 32점으로 나타난다. 이로 보면, 이 두 형식이 서울 독산동 유적의 대표적인 형식임을 알 수 있다.

인천 계양산성 유적에서는 총 40개의 형식이 다양하게 나타난다. 특징적인 것은 서울 독산동 유적과는 달리 민무늬 계통에서는 모두 내면 조정을 한 민무늬 계열만이 나타나 독산동과는 그 시기나 계열을 달리함을 알 수 있다. 또한 뒤에 다시 언급하겠지만, 인천 계양산성 민무늬 기와는 서울 독산동 민무늬 기와보다 두께도 상대적으로 두껍다. 한편, 꼰무늬 계열이 두드림판의 크기를 달리하며 각각 한 점씩 확인되는데 모두 측면 분할 방법에서 전면 분할한 것도 특징적이다. 이 외에 다른 형식들도 대분류인 무늬를 중심으로 언급하면 줄무늬 계열, 격자무늬 계열, 복합무늬 계열이 다양하게 나타나고 있다. 이처럼 다양한 형식의 기와들이 출토되는 양상을 통해 인천 계양산성 유적은 최초 유적이 형성된 시점부터 통일신라말까지 시기를 달리하며 계속해서 사용되었음을 알 수 있다.

한편, 포천 반월산성 유적에서는 총 13개의 형식만이 나타난다. 특징적인 것은 줄무늬 계열인 III형식이 측면 분할 방식을 달리하며 압도적으로 많은 양을 차지한다는 것이다.

자세한 순서배열은 다음 장에서 이루어질 것이다.

표 5. 속성 결과 분포표

대분류	중분류	소분류	세분류	형식	독산동	계양산성	반월산성	합계
I	·	·	I 1	I 1	35	·	·	35
				I 1-1	·	36	9	45
			I 2	I 2	·	·	·	0
				I 2-1	·	2	·	2
			I 3	I 3	·	·	·	·
				I 3-1	·	2	·	2
			I 4	I 4	1	·	·	1
				I 4-1	·	3	·	3
II	II A	II Aa	II Aa1	II Aa1	·	·	·	·
			II Aa2	II Aa2	·	·	·	·
			II Aa3	II Aa3	·	·	·	·
			II Aa4	II Aa4	·	·	·	·
		II Ab	II Ab1	II Ab1	·	·	·	·
			II Ab2	II Ab2	·	1	·	1
			II Ab3	II Ab3	·	·	·	·

대분류	중분류	소분류	세분류	형식	독산동	계양산성	반월산성	합계
II			II Ab4	II Ab4	·	·	·	·
	II B	II Ba	II Ba1	II Ba1	·	·	·	·
			II Ba2	II Ba2	·	·	·	·
			II Ba3	II Ba3	·	·	·	·
			II Ba4	II Ba4	·	·	·	·
		II Bb	II Bb1	II Bb1	·	·	·	·
			II Bb2	II Bb2	·	1	·	1
			II Bb3	II Bb3	·	·	·	·
			II Bb4	II Bb4	·	·	·	·
	II C	II Ca	II Ca1	II Ca1	·	·	·	·
			II Ca2	II Ca2	·	·	·	·
			II Ca3	II Ca3	·	·	·	·
			II Ca4	II Ca4	·	·	·	·
		II Cb	II Cb1	II Cb1	·	·	·	·
			II Cb2	II Cb2	·	1	·	1
			II Cb3	II Cb3	·	·	·	·
			II Cb4	II Cb4	·	·	·	·
III	IIIA	IIIAa	IIIAa1	IIIAa1	32	·	·	32
			IIIAa2	IIIAa2	·	1	·	1
			IIIAa3	IIIAa3	·	·	·	·
			IIIAa4	IIIAa4	·	·	·	·
		IIIAb	IIIAb1	IIIAb1	8	32	50	90
			IIIAb2	IIIAb2	·	34	·	34
			IIIAb3	IIIAb3	·	21	50	71
			IIIAb4	IIIAb4	·	5	1	6
	IIIB	IIIBa	IIIBa1	IIIBa1	·	·	·	0
			IIIBa2	IIIBa2	·	·	·	·
			IIIBa3	IIIBa3	·	·	·	·
			IIIBa4	IIIBa4	·	·	·	·
		IIIBb	IIIBb1	IIIBb1	·	13	·	13
			IIIBb2	IIIBb2	·	5	·	5
			IIIBb3	IIIBb3	·	·	·	0
			IIIBb4	IIIBb4	·	2	·	2
	IIIC	IIICa	IIICa1	IIICa1	·	1	·	1
			IIICa2	IIICa2	·	·	·	·

대분류	중분류	소분류	세분류	형식	독산동	계양산성	반월산성	합계
III	IIICa		IIICa3	IIICa3	·	·	·	·
			IIICa4	IIICa4	·	·	·	·
		IIICb	IIICb1	IIICb1	·	1	22	23
			IIICb2	IIICb2	·	·	·	·
			IIICb3	IIICb3	·	·	1	1
			IIICb4	IIICb4	·	·	·	·
IV	IVA	IVAa	IVAa1	IVAa1	1	2	2	5
			IVAa2	IVAa2	·	·	·	·
			IVAa3	IVAa3	·	·	·	·
			IVAa4	IVAa4	·	·	·	·
		IVAb	IVAb1	IVAb1	·	10	2	12
			IVAb2	IVAb2	·	15	·	15
			IVAb3	IVAb3	·	4	1	5
			IVAb4	IVAb4	·	3	·	3
	IVB	IVBa	IVBa1	IVBa1	·	1	·	1
			IVBa2	IVBa2	·	·	·	·
			IVBa3	IVBa3	·	·	·	·
			IVBa4	IVBa4	·	1	·	1
		IVBb	IVBb1	IVBb1	·	16	·	16
			IVBb2	IVBb2	·	5	·	5
			IVBb3	IVBb3	·	·	·	·
			IVBb4	IVBb4	·	2	·	2
	IVC	IVCa	IVCa1	IVCa1	·	·	·	·
			IVCa2	IVCa2	·	·	·	·
			IVCa3	IVCa3	·	·	·	·
			IVCa4	IVCa4	·	·	·	·
		IVCb	IVCb1	IVCb1	·	1	16	17
			IVCb2	IVCb2	·	·	·	·
			IVCb3	IVCb3	·	·	·	·
			IVCb4	IVCb4	·	·	·	·
V	VA	VAa	VAa1	VAa1	·	·	·	·
			VAa2	VAa2	·	·	·	·
			VAa3	VAa3	·	·	·	·
			VAa4	VAa4	·	·	·	·
		VAb	VAb1	VAb1	·	1	·	1

대분류	중분류	소분류	세분류	형식	독산동	계양산성	반월산성	합계
Ⅴ	ⅤA	ⅤAb	ⅤAb2	ⅤAb2	·	4	·	4
			ⅤAb3	ⅤAb3	·	1	·	1
			ⅤAb4	ⅤAb4	·	2	·	2
	ⅤB	ⅤBa	ⅤBa1	ⅤBa1	·	7	·	7
			ⅤBa2	ⅤBa2	·	·	·	·
			ⅤBa3	ⅤBa3	·	·	·	·
			ⅤBa4	ⅤBa4	·	·	·	·
		ⅤBb	ⅤBb1	ⅤBb1	·	30	·	30
			ⅤBb2	ⅤBb2	·	5	·	5
			ⅤBb3	ⅤBb3	·	2	·	2
			ⅤBb4	ⅤBb4	·	8	·	8
	ⅤC	ⅤCa	ⅤCa1	ⅤCa1	·	2	·	2
			ⅤCa2	ⅤCa2	·	·	·	·
			ⅤCa3	ⅤCa3	·	·	·	·
			ⅤCa4	ⅤCa4	·	·	·	·
		ⅤCb	ⅤCb1	ⅤCb1	·	10	43	53
			ⅤCb2	ⅤCb2	·	·	·	·
			ⅤCb3	ⅤCb3	·	·	4	4
			ⅤCb4	ⅤCb4	·	4	3	7
합계				104종	77	297	204	578

세 유적에서 형성된 총 45종의 각 개별 형식에 대해 간략히 설명하면 다음과 같다.

(1) Ⅰ유형

① Ⅰ1형식

민무늬에 측면 자른자국은 내→외로 부분 분할하였으며 내면에는 정밀한 베자국만이 선명할 뿐 아무런 조정 흔적이 없다. 독산동 유적에서만 35점이 확인 된다. 두께도 1㎝ 내외로 얇다.

② Ⅰ1-1형식

민무늬에 측면 자른자국은 내→외로 부분 분할하였으나 내면에는 빗질자국과 물손질 자국 등 다양한 형태의 내면 조정 자국이 나타난다. 독산동 유적에서는 한 점도 확인되지 않았고 계양산성에서 36점, 반월산성에서 9점이 확인된다.

③ Ⅰ2-1형식

민무늬에 측면은 전면 분할하였다. 내면에는 일부 조정자국이 남아있다. 계양산성 유적에서 2점이 확인된다.

④ Ⅰ3-1형식

민무늬에 측면은 3번 조정하였다. 내면에는 빗질자국이 남아있다. 역시 계양산성 유적에서 2점만이 확인되었다.

⑤ Ⅰ4형식

민무늬에 측면 조정자국은 외→내로 부분 분할하였다. 내면에는 아무런 조정없이 베자국만이 선명하다. 독산동 유적에서 한 점이 확인되었는데 이러한 형태는 이른 시기 고구려, 백제의 수키와에서 양 측면 모두 외→내로 부분 분할하여 나타나는 현상에서 기인하는 것으로 판단된다.(서봉수 1999; 최맹식 2001) 독산동 유물은 한쪽만이 남아 있어 그 정확한 양상을 확인할 수는 없지만 같은 유형의 기와만이 출토된 독산동 유적에서 고구려, 백제의 제작 흔적이 남아 있는 것으로 추정이 가능하다.

⑥ Ⅰ4-1형식

민무늬에 측면 조정자국은 외→내로 부분 분할하였다. 내면에는 빗질자국과 물손질자국이 남아 있어 Ⅰ4형식과는 구분된다. 계양산성 유적에서만 3점이 확인되었다. 추정컨대 측면의 한쪽면은 내→외로, 다른 한쪽면은 외→내로 부분 분할하였을 것이다. 이러한 형식은 9세기의 전형적인 수키와 분할방법(최맹식 2001)으로 알려져 있다.

(2) Ⅱ유형

① ⅡAb2형식

단판에 꼰무늬가 기와 외면 전면에 걸쳐 두드림되었다. 측면 조정자국은 한 번에 완전 분할하였다. 계양산성 유적에서 1점만이 확인되었다.

② ⅡBb2형식

중판에 꼰무늬가 기와 외면 전면에 걸쳐 두드림되었다. 측면 조정자국은 한 번에 완전 분할하였다. 역시 계양산성 유적에서 1점만이 확인되었다.

③ ⅡCb2형식

장판에 꼰무늬가 기와 외면 전면에 걸쳐 두드림되었다. 측면 조정자국은 역시 한 번에 완전 분할하였다. 계양산성 유적에서 1점만이 출토되었다.

(3) Ⅲ유형

① ⅢAa1형식

줄무늬가 새겨진 단판 두드림판으로 기와 외면에 부분두드림하여 줄무늬가 부분적으로 남아 있다. 측면 조정자국은 내→외로 확인되며 독산동 유적에서만 32점이 확인된다.

② IIIAa2형식

줄무늬가 새겨진 단판 두드림판으로 기와 외면에 부분두드림하였다. 측면 조정자국은 한 번에 분할하였으며 계양산성 유적에서 1점이 확인된다.

③ IIIAb1형식

줄무늬가 새겨진 단판 두드림판으로 기와 외면에 걸쳐 전면두드림하였다. 측면 조정자국은 내→외로 부분 분할하였다. 독산동 유적에서 8점, 계양산성 유적에서 32점, 반월산성 유적에서 50점이 확인되었는데 독산동 유적 출토기와는 두께도 얇고 내면 조정도 없으며 직선으로 두드린 반면에 계양산성과 반월산성 기와는 두께도 두꺼워지고 내면 조정자국이 일부 남아 있으며 활모양 두드림이 전부이다. 따라서 이 형식 내에서도 독산성 기와가 시기적으로 앞서 있다.

④ IIIAb2형식

줄무늬가 새겨진 단판 두드림판으로 기와 외면에 걸쳐 전면두드림하였다. 측면 조정자국은 한 번에 완전 분할하였으며 계양산성 유적에서만 34점이 확인되었다.

⑤ IIIAb3형식

줄무늬가 새겨진 단판 두드림판으로 기와 외면에 걸쳐 전면두드림하였다. 측면 조정자국은 내→외로 부분 분할하고 남은 파쇄면을 2~3차 조정하였다. 이 형식도 세분이 가능하나 제작공정상의 큰 차이를 보이지는 않는 것으로 판단하여 한 형식으로 처리하였다. 계양산성 유적에서 21점, 반월산성 유적에서 50점이 확인된다. IIIAb1형식과 함께 계양산성과 반월산성 기와의 주된 형식 중 하나이다.

⑥ IIIAb4형식

줄무늬가 새겨진 단판 두드림판으로 기와 외면에 걸쳐 전면두드림하였다. 측면 조정자국은 양 측면이 모두 확인된 경우는 없지만 한쪽 측면은 외→내로 부분 분할하였다. 앞서 얘기하였지만 이렇게 측면을 교차 분할하는 것은 9세기 특징으로 알려져 있다. 계양산성 유적에서 5점, 반월산성 유적에서 1점이 확인된다.

⑦ IIIBb1형식

줄무늬가 새겨진 중판 두드림판으로 기와 외면에 전면두드림하였다. 측면은 내→외로 부분 분할하였다. 계양산성 유적에서 13점이 확인되었다.

⑧ IIIBb2형식

줄무늬가 새겨진 중판 두드림판으로 기와 외면에 전면두드림하였다. 측면은 한 번에 분할하였다. 계양산성 유적에서 5점이 확인된다.

⑨ IIIBb4형식

줄무늬가 새겨진 중판 두드림판으로 기와 외면에 전면두드림하였다. 측면은 한쪽면에서만 외→내로 부분 분할하였다. 계양산성 유적에서 2점이 확인된다.

⑩ IIICa1형식

줄무늬가 새겨진 장판 두드림판으로 기와 외면에 부분두드림하였다. 측면은 내→외로 부분 분할하였다. 계양산성에서 한 점이 확인된다.

⑪ IIICb1형식

줄무늬가 새겨진 장판 두드림판으로 기와 외면에 전면두드림하였다. 측면은 내→외로 부분 분할한 형식이다. 계양산성에서 1점, 반월산성에서 22점이 확인된다.

⑫ IIICb3형식

줄무늬가 새겨진 장판 두드림판으로 기와 외면에 전면두드림하였다. 측면 조정자국은 내→외로 부분 분할하고 남은 파쇄면을 2~3차 조정하였다.

(4) IV유형

① IVAa1형식

격자무늬 형식이다. 단판으로 부분두드림하였고 측면은 내→외로 부분 분할하였다. 독산동 유적에서 1점, 계양산성과 반월산성 유적에서 각 2점씩 확인된다.

② IVAb1형식

격자무늬 형식이다. 단판으로 기와 외면에 전면두드림하였고 측면은 내 →외로 부분 분할하였다. 계양산성 유적에서 10점, 반월산성에서 2점이 확인되었다.

③ IVAb2형식

격자무늬 형식이다. 단판으로 기와 외면에 전면두드림하였고 측면은 한 번에 분할하였다. 계양산성 유적에서만 15점이 확인된다.

④ IVAb3형식

격자무늬 형식이다. 단판으로 기와 외면에 전면두드림하였고 측면은 2~3차례 조정하였다. 계양산성 유적에서 4점, 반월산성 유적에서 1점이 확인되었다.

⑤ IVAb4형식

격자무늬 형식이다. 단판으로 기와 외면에 전면두드림하였고 측면은 한쪽을 외→내로 부분 분할한 형태이다. 계양산성 유적에서 3점이 확인된다.

⑥ IVBa1형식

격자무늬 형식이다. 중판으로 기와 외면에 부분두드림하였고 측면은 내→외로 부분 분할하였다. 계양산성 유적에서 1점을 확인하였다.

⑦ IVBa4형식

격자무늬 형식이다. 중판으로 기와 외면에 부분두드림하였고 측면은 한쪽을 외→내로 부분 분할한 형태이다. 계양산성에서 1점을 확인하였다.

⑧ IVBb1형식

격자무늬 형식이다. 중판으로 기와 외면을 전면두드림하였으며 측면은 내→외로 부분 분할하였다. 계양산성 유적에서 16점이 확인된다.

⑨ IVBb2형식

격자무늬 형식이다. 중판으로 기와 외면을 전면두드림하였으며 측면은 한 번에 완전 분할하였다. 계양산성에서 5점이 확인되었다.

⑩ IVBb4형식

격자무늬 형식이다. 중판으로 기와 외면을 전면두드림하였으며 측면은 한 쪽을 외→내로 부분 분할한 형태이다. 계양산성에서 2점이 확인된다.

⑪ IVCb1형식

격자무늬 형식이다. 장판으로 기와 외면을 전면두드림하였으며 측면은 내→외로 부분 분할하였다. 계양산성 유적에서 1점, 반월산성 유적에서 16점이 확인되었다.

(5) V 유형

① V Ab1형식

솔잎무늬, 톱니무늬, 복합무늬 등 기타 무늬형식이다. 복합무늬는 줄무늬+줄무늬, 줄무늬+격자무늬, 줄무늬+솔잎무늬 등 다양하다. 기타 무늬로 통칭하였다.

기타 무늬의 단판으로 기와 외면에 전면두드림하였다. 측면은 내→외로 부분 분할하였다. 계양산성 유적에서 1점이 확인되었다.

② V Ab2형식

기타 무늬 형식이다. 단판으로 기와 외면을 전면두드림하였으며 측면은 한

번에 분할하였다. 계양산성 유적에서 4점이 확인된다.

③ ⅤAb3형식

기타 무늬 형식이다. 단판으로 기와 외면을 전면두드림하였으며 측면은 2~3회 조정하였다. 계양산성 유적에서 1점이 확인되었다.

④ ⅤAb4형식

기타 무늬 형식이다. 단판으로 기와 외면을 전면두드림하였으며 측면은 한쪽을 외→내로 부분 분할한 것으로 파악된다. 계양산성 유적에서 2점이 확인되었다.

⑤ ⅤBa1형식

기타 무늬 형식이다. 중판으로 기와 외면을 부분두드림하였으며 측면은 내→외로 부분 분할하였다. 계양산성 유적에서 7점이 확인되었다.

⑥ ⅤBb1형식

기타 무늬 형식이다. 중판으로 기와 외면을 전면두드림하였으며 측면은 내→외로 부분 분할하였다. 계양산성 유적에서 30점이 확인된다.

⑦ ⅤBb2형식

기타 무늬 형식이다. 중판으로 기와 외면을 전면두드림하였으며 측면은 한번에 완전 분할하였다. 계양산성 유적에서 5점이 확인된다.

⑧ ⅤBb3형식

기타 무늬 형식이다. 중판으로 기와 외면을 전면두드림하였으며 측면은 2~3회 조정하였다. 계양산성 유적에서 2점이 확인된다.

⑨ ⅤBb4형식

기타 무늬 형식이다. 중판으로 기와 외면을 전면두드림하였으며 측면은 한쪽을 외→내로 부분 분할한 형태이다. 계양산성 유적에서 8점이 확인된다.

⑩ ⅤCb1형식

기타 무늬 형식이다. 장판의 두드림판으로 전면두드림하였으며 측면은 내→외로 부분 분할하였다. 계양산성 유적에서 10점, 반월산성 유적에서 43점이 확인되었다.

⑪ ⅤCb3형식

기타 무늬 형식이다. 장판의 두드림판으로 전면두드림하였는데 측면은 2~3회 조정하였다. 반월산성 유적에서 4점이 확인된다.

⑫ ⅤCb4 형식

기타 무늬 형식이다. 장판의 두드림판으로 전면두드림하였는데 측면은 한쪽을 외→내로 부분 분할한 형태이다. 계양산성 유적에서 4점, 반월산성 유적에서 3점이 확인되었다

3) 순서 배열

분석된 기와들에 대한 형식도출 과정으로 45개 형식을 입안하였고 이를 통

해 각 속성에 대한 정의와 유형별 특성을 바탕으로 순서 배열을 시도하였다.

(1) 속성

여기서는 속성별 내용을 다시 한번 정리하여 분석 대상이 된 기와의 유물적 특징과 시기별 특성을 부각하고 기존의 연구성과와 대비함으로써 순서배열의 얼개를 짤 것이다. 무늬, 두드림판 크기, 두드림 방법, 측면 분할 방법과 더불어 두께 속성을 통해 큰 흐름 속에서 상대 편년이 가능하다.

① 무늬

무늬는 민무늬, 꼰무늬, 줄무늬, 격자무늬, 솔잎무늬, 톱니무늬, 추상무늬, 복합무늬 등 다양하다. 기존 연구성과(서오선 1985; 최정혜 1996; 최맹식 1999; 이재명 2016)에서도 고대 삼국에는 민무늬와 꼰무늬, 줄무늬, 격자무늬만이 유행하다가 통일신라 후반에 가서 솔잎무늬를 비롯한 다양한 무늬가 나타나기 시작한다고 하였다. 또한 다양한 형태의 복합무늬가 등장하고 고려시대로 가면서 솔잎무늬 또는 격자무늬를 동반한 복합무늬 형태가 자리잡게 된다. 이후 솔잎무늬 단독으로 유행하던 시기를 지나 다시 다양한 형태의 복합무늬가 나타나다가 조선시대가 되면 유행의 양상이 변하게 된다. 조선시대에는 다양한 엇댄줄무늬가 형태의 변화를 거쳐 소위 파도무늬로 정착하게 되고 조선 후반으로 가면 정형성을 상실한 다양한 형태의 무늬들이 혼합된 양상이 나타나게 된다.

아무튼 고대 삼국부터 통일신라시대까지 유행한 무늬 양상은 민무늬, 꼰무늬, 줄무늬, 격자무늬라고 할 수 있다. 고구려, 백제에서도 이와 같은 양상인데 신라보다 이른 시기에 이미 각종 민무늬와 함께 격자무늬, 꼰무늬가 줄무늬에 앞서 주로 유행한다. 특히 고구려는 이와 더불어 톱니무늬, 돗자리무늬 등 더욱 다양한 무늬가 단독 또는 복합무늬 형태로 유행하였다.(최맹식 2006: 177; 백종오 2006c: 168-171) 그리고 백제는 격자무늬와 함께 꼰무늬, 줄무늬만이 유행하였는데 격자무늬 중 작은 격자무늬 계통은 백제 전기에 앞서 유행한 것으로 판단된다.(최맹식 2006: 191) 이에 비해 신라는 격자무늬, 꼰무늬보다 줄무늬가 주 무늬로서 역할을 한 것으로 판단된다.

이 글의 분석 대상이 된 세 유적을 두고 보더라도 서울 독산동 유적에서는 대부분 민무늬와 줄무늬 기와만이 출토되고 일부 격자무늬 기와가 나타나며 인천 계양산성과 포천 반월산성 유적에서는 민무늬 형태와 함께 줄무늬, 격자무늬, 추상무늬, 복합무늬 등이 시기를 달리하며 다양하게 나타나고 있어 시간성을 반영한다.

② 두드림판의 크기

두드림판의 크기는 기존 연구성과(최태선 1993; 이재명 2016)에 의해 시대별 흐름에 따라 단판→중판→장판으로의 변화를 인정할 수 있다. 특히 고대 삼국은 꼰무늬에서 고구려에 의해 일찍이 장판의 두드림판이 사용된 것을 인정하더라도 대부분 단판의 두드림판을 이용하여 줄무늬와 격자무늬 등의 무늬를 남기고 있다. 특히 줄무늬의 두드림판은 어느 시기 중판으로 안정화되고 통일신라 후반기에 들어가면 장판으로의 변화가 감지된다. 격자무늬 역시 마찬가지다.

서울 독산동에서는 줄무늬가 새겨진 단판 기와만이 출토되었고 일부 단판의 격자무늬 기와가 확인되는 반면, 인천 계양산성과 포천 반월산성에서는 단판의 줄무늬 기와를 비롯하여 중판, 장판의 줄무늬 기와가 시기를 달리하며 나타나고 이는 격자무늬와 기타 무늬 기와에서도 적용된다. 격자무늬와 솔잎무늬 기와의 두드림판은 점차 길어져 가는 양상이다.

③ 두드림 방법

기와 외면에 시행된 두드림 방법상의 차이를 부분두드림과 전면두드림으로 구분하였는데 특히 고대의 줄무늬 기와에서 부분두드림 방법이 선행하다가 전면두드림으로 변화하고 전면두드림한 기와는 직선두드림과 활모양두드림으로 구분이 가능하다는 것을 간파하였다. 이 글에서는 주로 부분두드림과 전면두드림만을 구분하였고 이를 줄무늬 기와에 적용하여 부분두드림 → 전면두드림으로의 변화를 인정할 수 있었다.

서울 독산동 유적은 민무늬를 제외한 모든 기와가 단판의 두드림판으로 부분두드림한 것을 확인하였다. 이에 비해 인천 계양산성과 포천 반월산성은 초기 일부 부분두드림한 것이 나타나지만 대부분 전면두드림한 양상을 확인하였다.

④ 측면 분할

앞서 언급하였지만 측면 분할의 다양한 형태는 고구려, 백제에서도 나타나고 있어 시대를 구분하는 속성으로는 적합하지 않을 수도 있으나 각 시대별, 즉 고구려, 백제, 신라의 각 세부 시기 내에서는 유효한 속성으로 작용 가능하다. 다시 말해 신라 시기 내에서는 측면 부분 분할, 전면 분할, 2~3회 조정 등 다양하게 나타나고 있고 이것이 어느 정도 시기를 구분지을 수 있는 기준이 되고 있기 때문이다.

분석된 기와에서는 부분 분할(내→외) → 전면 분할 → 2~3회 조정 → 부분 분할(내→외, 외→내 혼용)로의 속성 변화를 감지할 수 있었다.

특히, 서울 독산동 유적에서는 모든 기와에서 부분 분할(내→외)한 것만이 확인되는 반면, 인천 계양산성과 포천 반월산성에서는 위의 속성 변화에 준하여 변화가 감지되어 흥미롭다.

⑤ 두께

기와의 두께는 고대 기와일수록 얇고 후대 기와일수록 상대적으로 두꺼운 경향성을 나타내는 것은 정확한 통계치나 구체적 자료는 부족하지만 사실이다. 하지만 기와의 두께는 건축술의 발달 정도와 함께 건물의 규모도 고려해야 하기에 기와의 두께 속성만 가지고 주된 편년 속성으로써 상대 시기를 결정짓는 것은 무리가 따른다.

그럼에도 고대의 기와가 상대적으로 두께가 얇다는 것은 고대, 특히 삼국의 건축술이 초기만 해도 무거운 기와를 전면에 잇기에는 기술적 측면에서 부족했다는 것을 반증하는 것이다.

최근 경남지역에서도 시대별 기와 두께의 차이를 중요한 속성으로 파악하여 삼국시대 평기와가 대체로 1~1.5㎝이고 통일신라시대 평기와는 1.5~2㎝ 내외, 고려시대 평기와는 2~3.5㎝ 내외라고 한 연구성과(이재명 2016: 56)는 시대별 기와 두께의 변화양상을 파악하는 데 참고할 만하다.

특히, 서울 독산동 유적은 기와의 두께가 1㎝ 내외로 모두 얇아 좋은 기준이 된다. 더구나 해당 유적에서 출토된 기와는 편으로 계산하여도 수백 점에 불과하여 어느 한 건물의 지붕 전면을 잇기에도 부족한 양이다. 또한 다른 유적에서도 많은 수량은 아니지만 서울 독산동 유적과 비슷한 시기로 판단할 수 있는 얇은 기와들이 출토되고 있다. 이러한 경향성으로 미루어 볼 때 이 당시 건물에 기와를 지붕 전면에 잇는 것이 아니라 상징적으로 지붕 끝단, 즉 처마쪽에만 올렸을 가능성도 간과해서는 안될 것으로 생각한다.

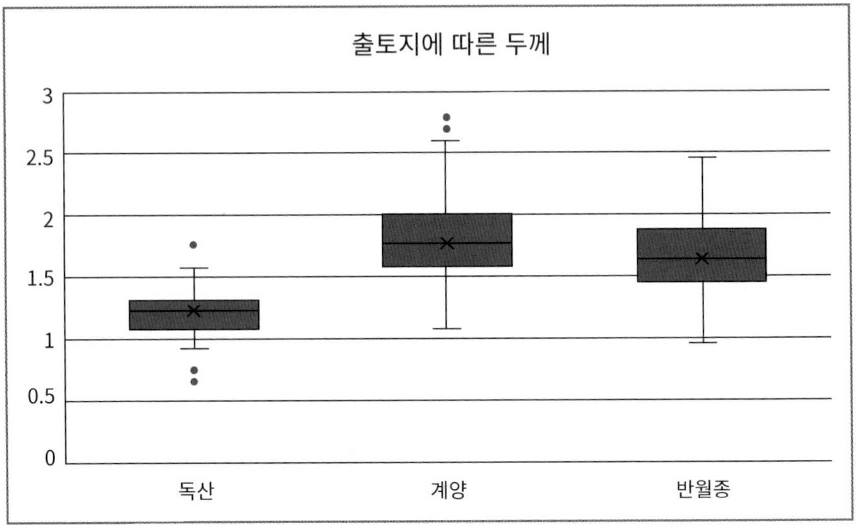

도표 1. 출토지에 따른 두께 분포도

도표에서 나타나듯이 서울 독산동 유적은 대부분의 기와 두께가 1~1.3㎝ 내외에 해당하고 가장 얇은 것은 1㎝ 미만인 것도 나타난다. 이에 비해 인천 계양산성과 포천 반월산성 기와는 대부분 1.5~2㎝에 분포하고 있음을 알 수 있다.

또한, 인천 계양산성이나 포천 반월산성에서도 적은 양이지만 독산동의 평균치에 준하는 기와들이 일부 나타나고 있다. 이것이 시사하는 바에 대한 고려는 주 속성 분류기준이 된 형식들과 함께 판단되어야 한다.

오른쪽 도표는 형식에 따른 두께 분포도를 나타낸다.

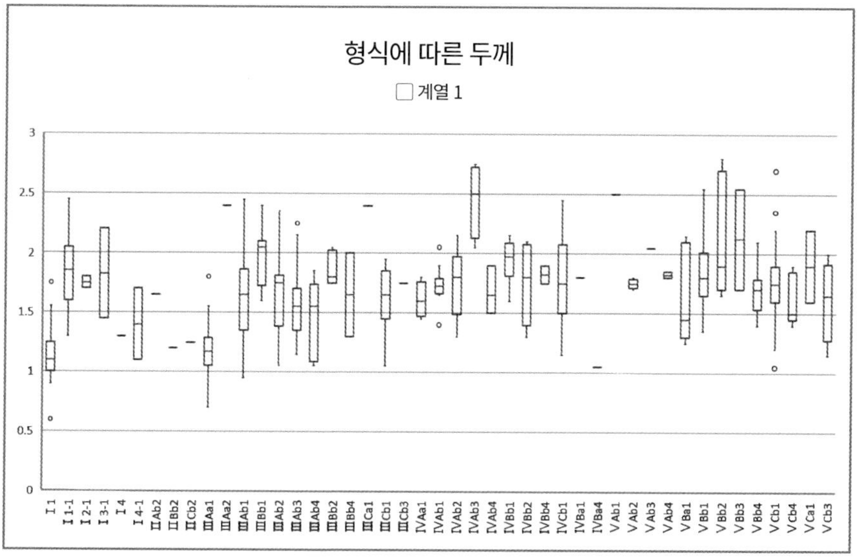

도표 2. 형식에 따른 두께 분포도(상자 도포도)

이 도표에서 주목해서 봐야할 것은, 위 출토지별 두께 양상과 마찬가지로, 우선, 서울 독산동 유적의 Ⅰ1형식과 ⅢAa1형식이 대부분 1~1.3㎝ 내외의 두께 분포를 나타내고 있다는 것이다. 둘째로, 인천 계양산성 유적과 포천 반월산성 유적에서 가장 많은 형식 중 하나인 ⅢAb1형식은 1㎝부터 2.5㎝까지 폭넓은 두께 분포를 보이는 중에 약 1.3~1.8㎝에 가장 많은 기와가 분포하고 있다. 이는 같은 형식이지만 두께를 통해 다시 구분될 수 있음을 보여준다. 또한 ⅢAb3형식도 두 유적에서 많이 나타나는데 대부분 1.5㎝ 내외의 분포를 보이고 있다. 다음으로 비교적 늦은 시기인 ⅤBb1형식과 ⅤCb1형식은 기와의 두께가 두꺼워지는 양상을 파악할 수 있다.

이상의 결과는 형식분류에 이은 순서배열에 있어 기와의 두께도 절대적인 것은 아니어도 적극적인 속성으로 파악해야 할 필요성을 보여준다는 점에서 시사하는 바가 크다.

(2) 유형

속성별 분석을 통해 짜인 큰 얼개 속에서 속성 기준별 조합을 통해 구체적인 형식별 편년안을 마련할 수 있다.

① Ⅰ유형(민무늬)

Ⅰ유형은 민무늬로 측면 분할 방법과 내면 조정 여부에 따라 순서배열이 가능하다. 민무늬는 삼국시대 이래로 조선시대까지 계속 사용되어온 형식이지만 세부 속성에서 각 시대별 특징을 구분지을 수 있다. 특히 삼국시대에서 통일신라시대까지 이르는 동안 두드러진 속성의 변화는 측면 분할 방법으로 Ⅰ1형식과 Ⅰ4형식은 측면 분할 방법의 차이와 함께 세밀한 베자국만이 선명하며 내면 조정이 전혀 행해지지 않았다. 다만 Ⅰ4형식만이 세밀한 베자국과 함께 베묶은 자국이 나타나고 있어 Ⅰ1형식에 이어 본격적인 내면 조정이 이루어지기 전, 과도기에 나타나는 형식으로 생각된다.

뒤이어 나타나는 Ⅰ1-1형식부터 Ⅰ4-1형식은 다양한 베자국과 함께 빗질자국 또는 사절자국과 물손질자국이 나타나고 있어 아무런 조정이 없는 단계보다는 나중 단계 형식으로 파악된다.

나아가 측면 분할 방법에 있어서는 해당 시기인 신라말에서 통일신라시대까지의 경우에는 Ⅰ1형식에서 시작하여 Ⅰ2-Ⅰ3-Ⅰ4-Ⅰ1형식으로의 배열이 가능하겠다.

좀 더 자세히 설명하자면, 측면 분할 방법의 차이는 곧 생산체계, 즉 대량생산체제냐 아니냐의 구분에서 비롯된다고 생각한다. 기본적으로 베자국을 남기게 되는 와통제작방식에서 성형 후 진흙판을 분리해서 측면 분할을 부분적으로 하게 되는 경우는 대량생산체제에서 이루어지는 과정이기 때문이다. 한 번에 수키와는 2매, 암키와는 4매의 낱기와를 생성하게 되는데 이는 현대에 남아있는 전통기와 제작과정에서도 이루어지는 과정으로 일매작이나 와통에서 분리 후 한 번에 측면을 절단하여 건조하거나 2~3회의 조정을 거치는 과정에 비해서 많은 양의 기와를 제작할 수 있다.

이와 비교하여, 와통에서 성형한 기와를 와통에서 분리 후 측면을 한 번에 절단하여 건조한 Ⅰ2형식의 기와는 대량생산체제보다는 다소 소량이지만 안정된 제작 시스템에서 공정에 치밀함이 더해진 과정이라고 판단된다. 더 나아가 측면을 2~3회 조정한 기와들은 Ⅰ2형식에서 발전하여 기와에 들일 수 있는 최대한의 정성을 가미한 결과로 생각된다. 왜냐하면 측면을 2~3회 조정하는 것은 기와가 지붕에 얹히는 과정에서, 보이지도 않는 부분에 필요하지 않은 공정을 추가로 행한 것이기도 하거니와 기술적, 실용적으로도 아무런 의미가 없는 공정이 덧붙여진 것이기 때문이다. 이는 기와 제작상에서 Ⅰ1형식이나 Ⅰ2형식에 비해 발달된 공정으로 분류가 가능한 이유이다. 이어지는 Ⅰ4-1형식이나 Ⅰ1-1형식들은 사회경제적 관점에서 다시 대량생산체제로의 복귀를 말하는 것으로 볼 수도 있겠다.

덧붙이자면, 측면 분할 방법에서 Ⅰ1형식은 후대에 다시 나타난다. 이는 세부적인 속성(내면 조정, 두께 등등)의 변화와 함께 고려해야 할 부분이다. 앞서 언급하였지만 민무늬의 기와에서 고대의 것은 내면조정이 전혀 나타나지 않는 것과 함께 두께와 색조도 후대의 민무늬와는 그 특성을 달리하고 있다. 특히 두께는 Ⅰ1유형이 Ⅰ1-1유형보다 훨씬 얇다.

결론적으로 Ⅰ유형은 Ⅰ1 → Ⅰ4 → Ⅰ2-1 → Ⅰ3-1 → Ⅰ4-1 → Ⅰ1-1형식으로의 순서배열이 가능하겠다.

② Ⅱ유형(꼰무늬)

Ⅱ유형은 분석 대상이 된 기와 중에서는 많은 비중을 차지하지 않고 있다. 나타나는 형식이 ⅡAb2형식, ⅡBb2형식, ⅡCb2형식으로 각 1점씩만이 확인되었다. 하지만 서울 아차산성 발굴조사(한강문화재연구원 2018)에서 많은 양의 꼰무늬 기와가 출토된 만큼 참고가 될 것이다.

어쨌든 각 형식은 두드림판의 크기에서만 차이를 나타내고 있을 뿐이다. 두드림 방법에서는 모두 기와 외면에 전면두드림하고 측면 분할 방법에서 한 번에 절단하여 건조하는 방식을 보인다.

따라서 Ⅱ유형은 두드림판의 계기적 발전단계에 비추어(최태선 1993: 42-43; 이재명 2016: 59-62) 단판에서 장판으로 시간적 흐름을 나타내므로 ⅡAb2 → ⅡBb2 → ⅡCb2형식으로의 순서배열이 가능하다.

③ Ⅲ유형(줄무늬)

Ⅲ유형은 분석 대상 기와 중 그 종류도 가장 다양하고 수적으로도 많은 양을 차지하고 있다. 줄무늬 형식은 삼국초기부터 신라 시기 전 시대를 통틀어 표현되는 주된 무늬 형식이지만 이 글에서 나타나는 다양한 형식의 줄무늬들을 통합하여 표현하였기 때문에 시대구분의 속성으로는 이 형식 내에서 작동하지 않고 두드림판의 크기와 두드림 방법, 측면 분할 방법에 의해 총 13종의 형식으로 분류하였다.

전반적으로는 두드림판의 크기에 따라 단판에서 중판, 중판에서 장판으로의 변화양상을 나타내고 있다. 가장 극명하게 대비되는 것은 두드림방법의 차이인데, 즉 단판에 줄무늬가 새겨진 두드림판이 기와 외면에 부분적으로 두드림되었느냐 전면에 걸쳐서 두드림되었느냐의 차이에 따라 시기가 명확히 나누어지는 현상을 발견하였기 때문이다. 좀 더 구체적으로 표현하면 전자인 단판의 두드림판이 기와 외면에 부분적으로 두드림된 것들은 신라가 한강 유역을 점유한 후 한정된 시공간 범위 내에서 일시적으로 나타나는 현상으로 파악되기 때문이다. 즉, 서울 독산동 유적에서 집중 출토되고 있는 이같은 형식은 신라 고대 기와의 시기 구분에 명확한 구분점을 던져 주기에 충분하다고 판단된다.

이와 함께 측면 분할 방법에서도 이같은 형식에서는 거의 대부분이 내면에서 외면으로 부분 분할을 시도하였기에 더욱 다른 형식의 줄무늬 기와보다는 선행하는 단계의 형식으로 판단되는 중요한 기준이 될 수 있다. 또한 Ⅰ유형의 민무늬 형식에서도 언급하였지만 측면 분할 방법에서의 단계적 변화는 부분 분할 → 전면 분할 → 2~3차례 조정 → 부분 분할로의 양상을 Ⅲ유형의 줄무늬 형식에서도 동일한 논리로 적용하여 나타내면 두드림 방법에서 전면두드림 단계로 들어가는 시기부터는 측면 분할 방법에 의해 세부적인 시기 구분이 가능하게 된다.

결국 줄무늬 형식의 Ⅲ유형 기와는 가장 앞선 단계인 ⅢAa1형식을 시작으로 ⅢAb1 → ⅢAa2 → ⅢAb2 · ⅢBb2 → ⅢAb3 → ⅢAb4 · ⅢBb1 · ⅢCb3 → ⅢCa1 → ⅢCb1 → ⅢBb4형식으로의 순서배열이 가능하다.

④ Ⅳ유형(격자무늬)

Ⅳ유형인 격자무늬는 민무늬, 줄무늬와 함께 고대부터 사용되던 무늬 패턴이다. 줄무늬와 동일하게 삼국 초기부터 신라 시기 전 시대를 통틀어 표현되는 형식이다. 줄무늬와 함께 큰 시대를 구분짓는 형식으로는 유용하지만 여기서는 시기를 세분하는 형식으로는 적용하지 않았고 두드림판의 크기, 일부 두드림방법의 차이, 측면 분할 방법에서의 변화에 의해 총 11종의 형식으로 분류하였다.

Ⅲ형식의 줄무늬와 함께 두드림판의 크기에 따라 단판 → 중판 → 장판으로의 변화가 인정되며 일부에서 두드림 방법상의 차이를 감지한 것을 포함하면

Ⅳ형식의 격자무늬 유형에서 가장 중요한 시기 구분의 차이는 측면 분할 방법상에서 나타나고 있다.

결국 Ⅳ유형의 격자무늬 형식은 가장 앞선 단계인 ⅣAa1형식을 시작으로 ⅣAb1 → ⅣAb2 · ⅣBb2 → ⅣAb3 → ⅣAb4 → ⅣBa1 · ⅣBb1 → ⅣBa4 · ⅣBb4 → ⅣCb1형식으로의 변화가 인정되어 순서배열이 가능하다.

⑤ Ⅴ유형(복합무늬, 솔잎무늬 등 기타무늬)

Ⅴ유형은 고대 시기를 대표하는 민무늬와 꼰무늬, 줄무늬, 격자무늬의 무늬 형식이 점점 다양하게 변화하는 단계이다. 구체적으로는 서로 다른 줄무늬끼리의 결합, 줄무늬와 격자무늬의 결합, 솔잎무늬의 등장, 줄무늬와 솔잎무늬의 결합, 격자무늬와 솔잎무늬의 결합, 톱니무늬, 추상무늬 등 그 형식이 자유롭고 다양해진다고 생각한다. 따라서 Ⅴ유형의 단계로 접어들면서는 그 무늬 형식만으로도 Ⅰ · Ⅱ · Ⅲ유형의 기와와는 어느 정도 다른 시간축을 형성하여 순서배열이 가능해지면서 덧붙여 기존의 형식 분류 기준인 두드림판의 변화, 측면 분할 방법의 차이에 의해 총 12종의 형식으로 분류가 가능하였다.

특히 측면 분할 방법에서 고식의 1유형은 나타나지 않고 후기 형식의 1유형이 다른 후대의 형식을 결정짓는 형식과 함께 복귀하는 양상을 나타내고 있다. 또한 단판과 중판의 공존, 장판의 본격적인 사용 등이 이 형식의 순서 배열에 결정적인 작용을 하였다.

따라서 Ⅴ유형은 ⅤAb2형식을 시작으로 ⅤBb2 → ⅤAb3 · ⅤBb3 · ⅤCb3 → ⅤAb1 · ⅤBa1 → ⅤBb1 → ⅤAb4 · ⅤBb4 · ⅤCb4 → ⅤCa1 · ⅤCb1형식으로의 변화를 인정하여 순서 배열하였다.

IV. 비교 분석

Ⅳ. 비교 분석

이 장에서는 앞 장에서 이루어진 유물 분석과 형식 분류 결과를 바탕으로 도출된 기와의 편년안을 기와와 함께 출토된 다른 유물, 즉 토기와 글자기와에 적용하여 기존 보고서에서 제시한 편년안과 비교 분석하였다. 나아가 한강유역 내 다른 유적에서 출토된 기와와의 대비에도 적용해 보았다.

특히 다른 유적에서 출토된 기와의 형식들과 비교해 보는 과정을 통해 특정 유적 출토 기와만을 분석함으로써 발생할 수 있는 한계나 오차범위를 줄여보고자 한다.

1. 토기(굽다리접시와 뚜껑을 중심으로)

기와와 함께 가장 많이 출토되며 시기를 구분짓는 데 대표적인 역할을 하는 유물은 토기이다.

토기에 대한 연구는 오랜 세월 영남지방 고분의 편년연구와 병행하여 출토 토기를 중심으로 중앙과 지방에 대한 토기 편년연구가 활발히 진행되었다.

특히 최병현(1993: 616-700)은 이 시기 영남지방 토기를 가야양식토기와 신라전기양식토기로 구분하고 나아가 신라후기양식토기를 분류하였다. 그리고 신라후기양식토기를 고신라기 신라후기양식토기와 통일신라기 신라후기양식토기로 나누고 고신라기 신라후기양식토기는 1단계에서 6단계로 하여 6세기 중엽부터 7세기 중엽까지 편년하였고 통일신라기 신라후기양식토기는 여러 가지 무늬와 그릇 종류의 변화상을 통해 7세기 말, 8세기 초를 그 하한으로 보았다.

이후, 신라토기 연구에서 여러 연구자들이 상대편년의 중요한 자료로 활용하는 것은 굽다리접시와 뚜껑을 들 수 있다. 여기서도 이를 중심으로 이 글에서 정리한 기와의 편년안에 해당하는 토기의 양식들을 살펴봄으로써 필자의 편년안을 보완하고자 한다. 단, 염두에 두어야 할 것은 기와를 중심으로 구분된 총 5기의 편년안에 토기의 편년안이 편입된다는 것이 아니고 기와와 토기의 편년안이 상호 교차되는 상황에서 한강유역 기와 편년안에 이러이러한 토기양식 편년안이 해당한다는 정도로만 이해해야 할 것이다.

1) 제 1기 : 6세기 중반~7세기 전반

이 시기는 신라가 한강유역에 진출하여 통일의 기반을 다지는 때로 한강유역에는 신라가 최초 진출하여 형성한 유적이 남아 있다. 대표 유적으로는 서울 독산동 유적과 함께 최근 발굴조사가 이루어진 용인 할미산성 유적이 있다.

앞서 대표 유적 설명에서도 언급하였지만 서울 독산동 유적은 신라가 경기지역에 진출하여 한정된 시간만 운영, 유지한 곳이다. 이 유적은 토기 형식 분류를 통해 6세기 중반에서 7세기 전반으로 편년되는 토기만이 출토되고 있어 함께 출토된 기와의 시기 설정에 결정적인 역할을 할 뿐만 아니라 다른 계양산성이나 반월산성에서 출토되는 다양한 형식의 기와와 토기의 시기 설정에도 기준점이 될 수 있다.

우선, 서울 독산동에서 출토된 굽다리접시와 뚜껑류를 살펴보자.

독산동에서 출토된 굽다리접시는 총 89점인데, 아가리의 형태에 따라 뚜껑굽다리접시(유개식고배 有蓋式高杯)와 민뚜껑굽다리접시(무개식고배 無蓋式高杯)로 나뉘고 굽구멍 배치에 따라 두줄구멍굽다리접시(이단투창고배 二段透

窓高杯), 또는 엇구멍굽다리접시(상하교호투창고배 上下交互透窓高杯)와 한줄구멍굽다리접시, 짧은굽다리접시(단각고배 短脚高杯)로 분류된다.[12] 아가리 형태가 남아 있는 것 중 민뚜껑굽다리접시가 28점, 뚜껑굽다리접시가 9점이고 그릇 다리가 남아 있는 것 중 한줄구멍굽다리접시가 44점(63.8%), 민구멍굽다리접시(무투창고배 無透窓高杯)가 24점(34.8%), 두줄구멍굽다리접시가 1점(1.4%)으로 한줄구멍굽다리접시의 비율이 높게 나타나고 있다.(겨레문화유산연구원 2016: 572)

홍보식(2001: 62-72)은 신라토기를 크게 신라후기양식토기와 통일양식토기로 구분하고 후기양식토기를 다시 제Ⅰ양식부터 제Ⅳ양식의 네 단계로 크게 분류한 후 A부터 I까지 총 9형식으로 나누었다. 여기에 통일양식토기까지 더하면 다섯 단계, 총 11가지 형식이다. 이 중 후기양식토기의 특징을 그릇 종류 구성의 단순화, 그릇 다리의 짧아짐, 침선무늬의 유행 등으로 파악하고 특히 민뚜껑굽다리접시가 점차 사라지고 뚜껑굽다리접시의 비중이 높아지며 턱덧댄긴목항아리(부가구연장경호 附加口緣長頸壺)와 함께 한줄구멍굽다리접시와 민구멍굽다리접시가 주 그릇 종류를 형성한다고 하였다.

강진주(2009: 36-48)는 신라가 한강유역에 진출하여 정착하는 과정에서의 토기변화를 연구하면서 특히 신라후기양식의 표지적이면서도 시기적 변화가 민감한 그릇 종류로 굽다리접시와 뚜껑에 주목하였다. 굽다리접시는 특히 아가리와 그릇 다리의 시간적 형태 변화가 민감한 것으로 파악하였다. 아가리는 뚜껑굽다리접시의 경우 시간이 흐르면서 아가리가 짧고 뚜껑받이턱이 길어지는 경향이 나타나고 그릇 다리는 점차 짧아지면서 굽구멍의 크기도 소형화되다가

12) 강진주는 굽구멍을 투창과 투공으로 구분하여 부를 것을 제안한 바이다. 투창은 전기양식토기의 고배나 혹은 후기양식토기 초에 나타나는 것으로 그릇 몸체보다 긴 그릇 다리에 장방형 혹은 사다리꼴 모양의 구멍을 낸 것을 말하고 투공은 형태는 같지만 한변의 크기가 1㎝ 내외로 투창에 비해서 매우 작아진 것으로 구분하였다.(강진주 2006: 24) 하지만 이 글에서는 이를 구분하지 않고 굽구멍이라 하였다.

소멸하는 것으로 파악한다. 그릇 다리와 그릇 몸체의 비율도 굽구멍의 유무와 함께 고려하여 그릇 다리의 비율이 높은 것에서 그릇 몸통과 같아지다가 점차 그릇 다리의 비율이 그릇 몸통보다 낮아지는 경향성을 나타낸다고 하였다.

이러한 토기 연구자들의 연구성과를 독산동 유적 출토 토기와 대비하여 보면 독산동 출토 뚜껑굽다리접시는 홍보식(2001: 62-81)의 토기 양식 분류 중 제 III양식 E, F, G형식에 부합하는 것을 알 수 있다.

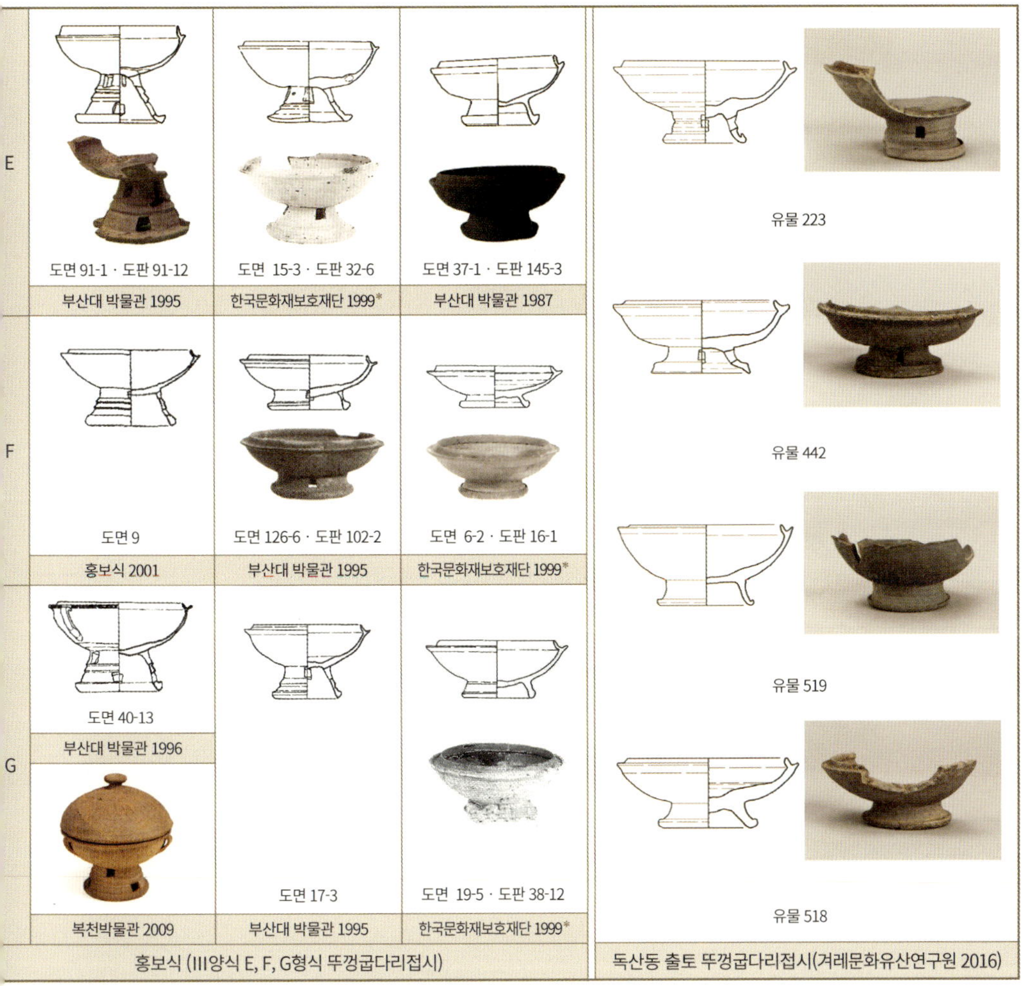

한국문화재보호재단, 「경주 경마장 예정부지 C-1지구 발굴조사보고서」.

도판 7. 신라 굽다리접시 비교도

뚜껑은 그릇의 형태에 따라 반구형과 볼록(凸)형, 'ㅗ'형으로 구분할 수 있고 드림부의 형태에 따라서는 '복(卜)'자형, '입(入)'자형으로 구분할 수 있다. 독산동 유적에서 출토된 총 17점의 뚜껑은 모두 반구형에 드림부가 'ㅏ'자형인 것이다. 강진주(2009: 46)에 의하면 중부지역의 뚜껑은 대체로 통일기를 전후하여 반구형 뚜껑의 비율이 감소하고 볼록형 뚜껑이 증가하는 양상으로 이해되고 있어 통일기 이전의 것으로 추정되고 있다.(겨레문화유산연구원 2016: 574 재인용)

이 역시 홍보식(2001: 63)의 양식분류에 의하면 제 III양식에 속하며 편년적으로는 그 상한을 560년대부터 610년대에 걸쳐 설정하고 있다.

2) 제 2기 : 7세기 중반~7세기 후반

이 시기는 신라가 통일을 이루기 직전 또는 통일의 과정기로 직전 단계의 도입기에서 발전하여 중부지역에서 신라 양식을 정착하는 시기로 판단된다.

굽다리접시에 있어서는 서울 독산동 유적이 한줄구멍굽다리접시와 반구형에 드림부가 'ㅏ'자형인 뚜껑이 주류를 이루고 있었던 것과 달리 인천 계양산성이나 포천 반월산성에서는 좀 더 다양한 그릇 종류들이 나타나기 시작한다. 포천 반월산성에서는 한줄구멍굽다리접시와 함께 짧은굽다리접시가 출토되는데 민구멍굽다리접시인 짧은굽다리접시가 총 20점 중 17점(85%)으로 주류를 형성하며 뚜껑있는짧은굽다리접시의 경우도 그릇 몸통과 그릇 다리의 비율이 1:1.5가 넘고, 안턱이 안쪽으로 기울어지면서 뚜껑받이턱이 수평상으로 짧게 벌어지는 점, 그릇 다리바닥이 약하게 바깥쪽으로 벌어지고 납작하게 처리된 점 등으로 보아 짧은굽다리접시 중에서도 비교적 늦은 시기로 파악하고 있다.(겨레문화유산연구원 2011: 266-267)

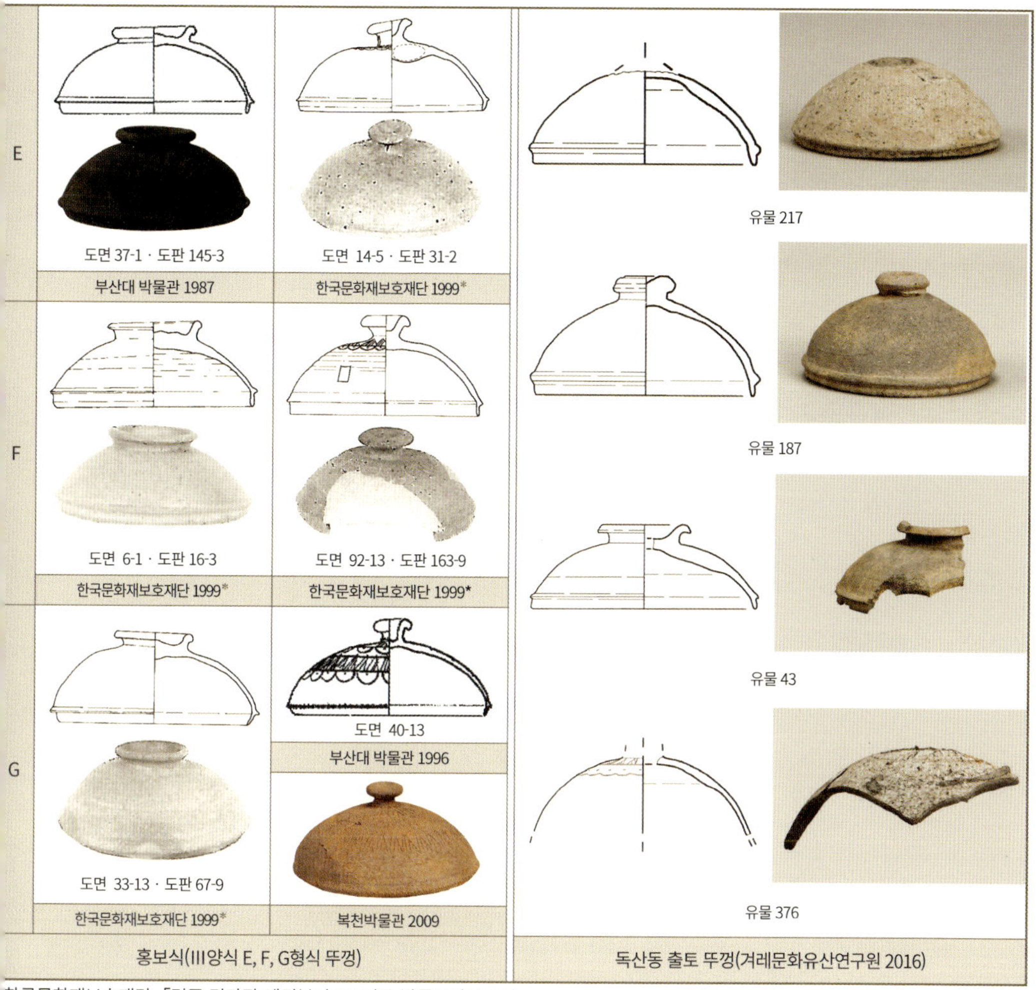

한국문화재보호재단, 「경주 경마장 예정부지 C-1지구 발굴조사보고서」.

판 8. 신라 뚜껑 비교도

뚜껑 역시 서울 독산동 유적에서는 반구형에 드림부가 'ㅏ'자인 것만 출토되는 것에 비해 인천 계양산성에서는 반구형을 비롯하여 볼록형, 접시형이 함께 출토되며 반구형도 드림부가 'ㅏ'자형과 함께 '入'자형이 함께 출토되고 있어 서울 독산동 유적보다는 늦은 단계로 편년이 가능하다.

이를 통해 인천 계양산성의 토기떼 중 한 무리는 6세기 후반에 출현하여 7세기 중반과 후반에 걸쳐 지속적으로 사용되었음을 알 수 있다.

이러한 양상의 출토맥락은 포천 반월산성도 비슷하다.(단국대학교 매장문화재연구소 2004: 514-515) 특히 조사단은 이 단계를 총 3단계로 나눈 시기 편년

*한국문화재보호재단, 「경주 경마장 예정부지 C-1지구 발굴조사보고서」.

도판 9. 신라 굽다리접시, 뚜껑 비교도 2

중 2단계로 설정하여 7세기 중반부터 8세기대까지로 구분하였으나 8세기대의 꽃도장무늬 토기의 활발한 증가세와 구분한다면 본격적인 꽃도장무늬 단계의 토기떼와는 구분하여 7세기 중후반으로 시기 구분이 가능할 것으로 판단된다.

3) 제 3기 : 8세기 전반~8세기 후반

이 시기는 신라가 통일을 이룬 후 정치, 사회, 경제, 문화적으로 가장 전성기를 이루었던 시기이다. 모든 분야에 있어 최고의 절정을 이룬 시기로서 이는 고고학적 유물에서도 그대로 반영된다고 할 것이다.

토기에 있어서는 8세기부터 꽃도장무늬 토기가 더욱 성행하여 전국에 확산되는 양상을 보인다. 특히 굽다리접시나 뚜껑류에서도 꽃도장무늬가 그릇 전면에 빼곡하게 베풀어져 장식성이 강화되는 양상으로 나타난다. 통일 이후인 7세기 후

한국문화재보호재단, 「경주 경마장 예정부지 C-1지구 발굴조사보고서」.

도판 10. 신라 굽다리접시, 뚜껑 비교도 3

반에서 시작하여 8세기 중반을 정점으로 다양한 꽃도장무늬 토기가 유행하며 8세기 후반으로 갈수록 쇠퇴하는 양상이나 전반적으로는 8세기 후반까지 잔존한다.

4) 제 4기 : 9세기 전반~9세기 후반

9세기, 신라는 지방호족세력에 의해 큰 사회적 혼란을 겪게 되며 반대로 각 지방은 후삼국시기로 접어들게 된다. 지방 호족의 등장 및 성장과 함께 고고학적 상황도 각 지방별로 독특한 지역색을 띠게 되며 이러한 양상은 토기에서도 두드러지게 반영되기 시작한다. 중부지역도 예외는 아니어서 굽다리접시류나 뚜껑류는 사라지고 항아리 등도 병류로 대체된다.

사실 9세기나 10세기는 소위 나말여초기(羅末麗初期)라는 통상적 시기 구분론이 자리잡은 상태이다. 이 시기가 정치적으로는 왕조가 교체되는 격변기였기 때문에 물질문화면에서 그 변화가 드러나는 시기이면서도 왕조 변화에 따라 그 변화의 정도가 민감하게 반영되는 것도 있고 그러한 변화에 부응하지 않으면서 나말여초라는 시간을 그대로 공유한 것들이 다양하게 공존하기 때문에 왕조 변화에 좌우되지 않은 상태로 형성된 물질문화의 모습을 동일한 공간과 시간을 공유하는 하나의 문화단위로 규정하는 것이 바람직하다고 한 것이다.(한혜선 2017: 86)

이러한 시대 인식을 바탕으로 덧띠무늬병이나 줄무늬병, 각진병(편구병 扁球甁), 자라병(편병 扁甁) 등의 그릇 종류가 이 시기를 전후하여 등장, 짧은 기간 유행한 후 10세기 후반 이후에는 사라짐으로써 이 시기를 특정지을 수 있는 표지유물이 되는 것은 주목할 만하다. 특히 덧띠무늬병은 10세기 이후에는 등장하지 않는 것으로 파악되고 주름무늬병과 각종 자라병류가 9세기의 표지유물로서의 역할을 담당한다(한혜선 2011: 18)는 것은 분명하다 할 것이다.

표 6. 나말여초 도기의 새로운 그릇 종류(최견미 2015: 60. 표3-13 일부 수정 · 인용)

새로운 그릇 종류	새로운 그릇 세부 종류
병류	각진병 · 주름무늬병 · 덧띠무늬병 · 자라병
뚜껑류	종형뚜껑 · 찻종형뚜껑
항아리류	넓은어깨항아리(광견호, 廣肩壺) · 큰입항아리(광구호, 廣口壺)

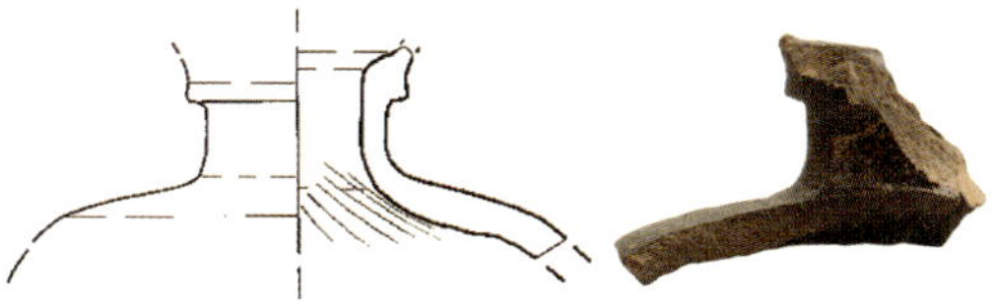

유물 259

계양산성 출토 각진병(겨레문화유산연구원 2011)

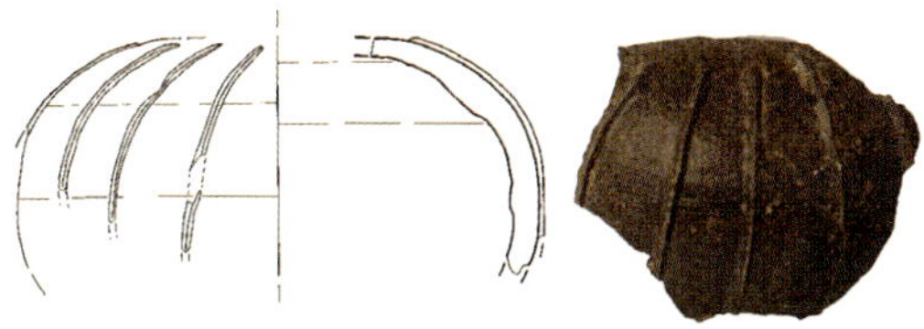

유물 261

계양산성 출토 덧띠무늬병(겨레문화유산연구원 2011)

도판 11. 계양산성 출토 병

5) 제 5기 : 10세기 전반

이 시기는 사실 앞선 4기에서 언급한 나말여초라는 범주 내에 포함되는 시기로 토기 연구경향에서는 이전 단계인 4기와 구분짓기 매우 어려운 시기이기도 하다. 다만, 이전 세기의 주름무늬병이나 자라병류도 계속 유행하면서 그릇 종류가 대형화되고 본격적인 자기로의 생산체계가 시작되는 시점이라 할 수 있다. 이는 경기도 일대에 잔존하는 용인 서리 유적, 여주 중암리 유적, 시흥 방산동 유적 등의 자기 가마터가 이 시기에 개요한 사실과도 부합한다.(최견미 2015: 124-126) 본격적인 자기가마의 도입은 이 시기를 구분할 수 있는 중요한 근거이기도 하다. 경기지역 일대를 중심으로 성립한 고려는 독특한 그들만의 방식으로 고려도기 및 자기 양식을 형성하게 되는 것으로 볼 수 있다.

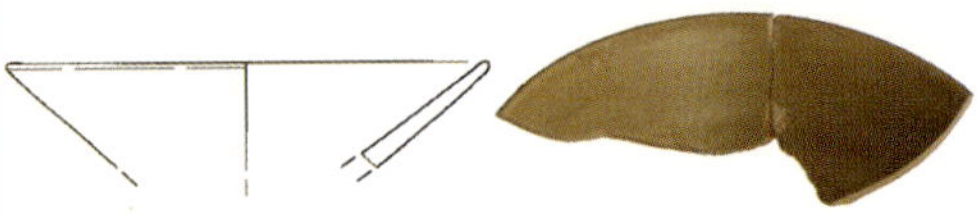

유물 277

계양산성 출토 청자찻종(겨레문화유산연구원 2011)

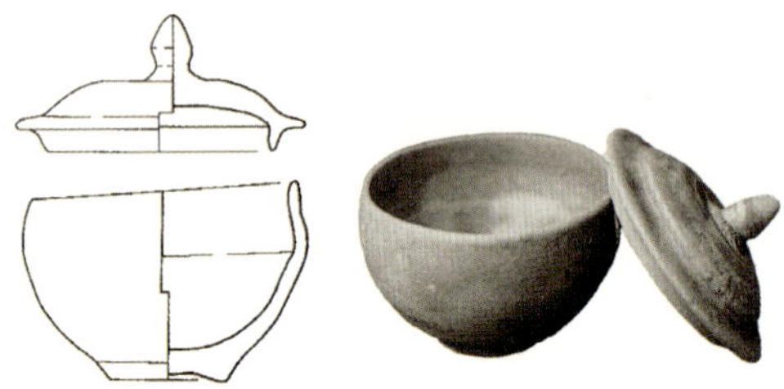

도면 62-11 사진 66-405

반월산성 출토 청자잔(단국대 매장문화재연구소 2004)

도판 12. 계양산성 · 반월산성 출토 청자

2. 글자기와

수많은 출토량을 보이는 기와에는 많은 글자기와가 함께 출토되어 때로는 유적의 옛 이름과 절대연대를 추정할 수 있는 단서를 제공한다. 여기서는 다양한 형식의 글자기와들을 앞에서 제시한 기와 편년 기준과 대비하여 글자기와의 시기를 재조명하고자 한다.

1) 포천 반월산성

(1) '마홀수해구초(馬忽受蟹口草)' 글자기와

포천 반월산성에서 보고된 27점의 글자기와 가운데 가장 주목을 받는 것은 '마홀(馬忽)' 글자기와이다.

가장 완벽한 글자는 '마홀수해구초(馬忽受蟹口草)'이다. 글자의 해석에는 다양한 견해가 있지만[13] 글자는 암키와 외면에 26.8×4.1㎝ 크기의 장방형 틀 내에 세로 방향으로 두드림되어 있다. 글자 주변에는 격자무늬와 줄무늬가 결합된 복합무늬가 중판으로 두드림되어 있다. 측면의 형태는 자세히 알 수 없으나 내림면에는 희미하게 줄무늬가 남아 있다.

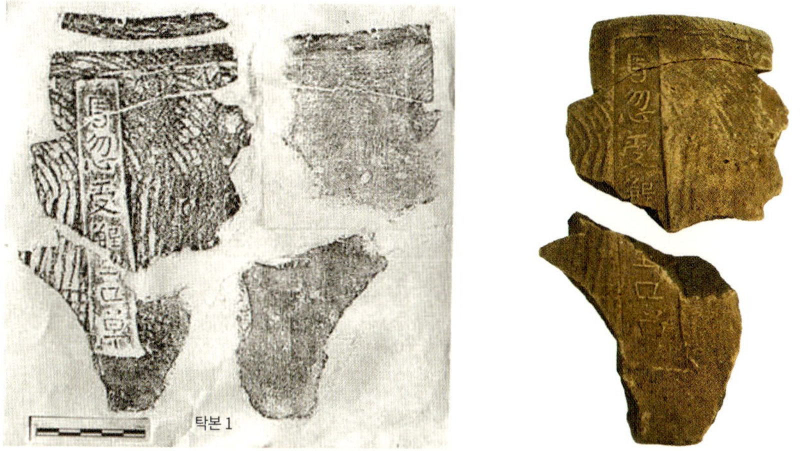

반월산성 '馬忽受蟹口草' 글자(탁본: 단국대 사학과 1996, 사진: 국립중앙박물관 e뮤지엄)

도판 13. 반월산성 글자기와 1

3차 발굴조사에서 출토된 같은 유형의 '마(馬)' 글자기와의 측면이 내→외로 한 번에 긋기한 것(단국대중앙박물관 1998: 114, 139)으로 나타나 이를 참고하면 복합무늬의 중판 두드림판으로 전면두드림하였고 측면 완전분할 형태로 VBb2형식에 상정이 가능하여 8세기 전반을 중심시기로 설정할 수 있다.

한편, 3차 발굴조사에 출토된 것은 무늬가 줄무늬 또는 격자무늬의 단독 무늬이고 단판 또는 중판으로 전면두드림한 것이다. 두께도 상대적으로 얇다. 이

13) 일반적으로 '~草'자로 보는 경향이 강하다. 보고자는 '~單'으로 보았다.

로 보아 '마홀' 글자기와의 시작은 IIIAb2형식 또는 IVA(B)b2형식에 해당하여 7세기 중반을 중심시기로 설정할 수 있다.

(2) '금유사조(金酉寺造)' 글자기와

3차 발굴조사(단국대중앙박물관 1998: 115)에서 출토되었다. 명확하지는 않으나 '金酉寺造'로 추정된다. 글자는 별다른 틀 없이 좌우 뒤집어서 두드림되었다. 글자 주변으로는 솔잎무늬 또는 엇댄줄무늬와 함께 복합무늬가 두드림되었는데 정확한 두드림판의 크기는 알 수 없으나 장판으로 추정된다. 측면의 상태를 알 수 없다. 파악된 정보를 바탕으로 하면 복합무늬의 장판 두드림판을 이용하여 전면두드림하였으므로 VCb3에서 VCb1까지 해당하여 빠르면 8세기 후반, 늦으면 10세기 전반까지 편년이 가능하다. 즉, 측면의 분할 형태에 따라 VCb3형식이면 8세기 후반, VCb4형식이면 9세기 후반, VCb1형식이면 10세기 전반을 중심시기로 설정할 수 있겠다.

탁본 · 사진 10

반월산성 '金酉寺造' 글자(단국대 중앙박물관, 1998)

도판 14. 반월산성 글자기와 2

(3) '상사(上師)' 글자기와

2차 발굴조사(단국대사학과 1997: 165-167)에서 수 점의 '상사(上師)' 글자기와가 출토되었다. 총 13점으로 각각 '상' 글자와 '사' 글자가 두드림되어 있어 '상사'로 추정할 수 있다. 글자는 각각 좌우 뒤집어 썼고 서로 다른 두드림판을 이용하여 두드린 것으로 글자의 크기와 간격도 다르다. 무늬는 민무늬의 기와가 내면조정자국이 남아 있고 다른 기와에서는 빗금격자무늬와 솔잎무늬도 나타난다. 두드림판은 장판으로 추정된다. 출토된 기와에서 측면의 형태를 알 수 있는 것들은 모두 내면에서 외면으로 부분 분할한 것들이다.

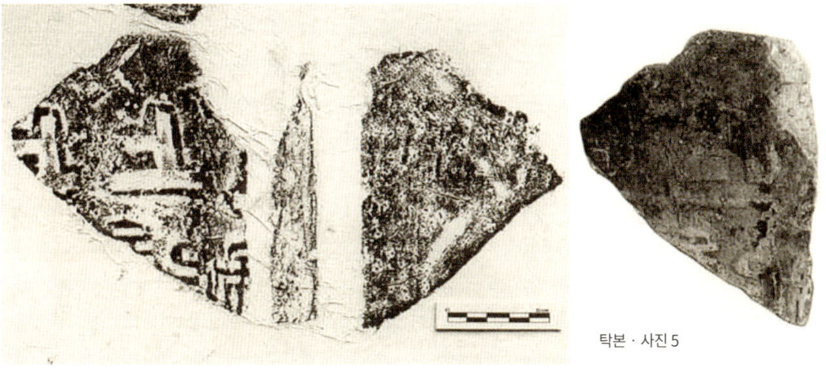

반월산성 '上師' 글자(단국대 사학과 1997)

도판 15. 반월산성 글자기와 3

민무늬에 내면 조정한 것은 Ⅰ-1형식에 해당되어 9세기 후반을 중심시기로 설정할 수 있으며 빗금격자무늬와 솔잎무늬는 각각 ⅣCb1과 ⅤCb1형식에 해당하여 10세기 전반을 중심시기로 설정할 수 있겠다.

반월산성 '上' 글자(단국대 사학과 1997)

도판 16. 반월산성 글자기와 4

2) 인천 계양산성

계양산성에서는 많은 글자기와가 출토되었다. 층위와 무늬를 두드린 방법에서 두 가지 종류로 구분이 가능하다.

(1) 음각 부호 글자기와

적갈색 점토층에서 출토된 적색류의 기와로 다양한 음각 부호 글자기와이다. 명확한 뜻을 알 수는 없으나 외면 무늬로는 줄무늬, 격자무늬 계열로 구분할 수 있다. 대부분 크기가 작아 정확한 두드림판의 크기는 알 수 없으나 단판계열로 추정할 수 있으며 두드림방법은 부분두드림한 것 일부와 전면두드림한 것으로 나뉜다. 측면은 기와칼(와도 瓦刀)로 한 번에 분할한 것과 2~3회 조정한 것 등이며 내면에 통쪽흔이 나타나는 것도 있다. 이에 보고자는 계양산성 출토 기와 중

가장 이른 시기의 것으로 추정하여 신라가 한강유역을 점유한 후 통일기 초반에 이르기까지 조성한 것으로 파악하였다.(겨레문화유산연구원 2011: 285)

이 글에서 분류한 형식에 의하면 줄무늬 계열은 IIIAa2형식에서 IIIAb3형식으로 분류가 가능하며 격자무늬 계열은 IVAb2형식에서 IVAb3형식으로 파악되어 구체적인 시기는 7세기 중반을 전후하여 8세기 전반까지 설정할 수 있다.

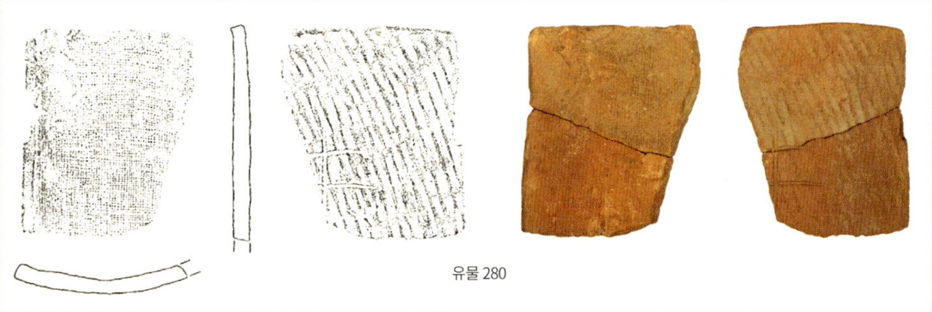

계양산성 '未' 글자[14] (겨레문화유산연구원 2011)

도판 17. 계양산성 글자기와 1

계양산성 부호 글자(겨레문화유산연구원 2011)

도판 18. 계양산성 글자기와 2

14) 보고서에서는 '夫'로 읽었으나 이 글에서는 '未'로 판단하였다.

한편, 한 점이긴 하나 부호 글자기와 중 격자무늬에 단판으로 부분두드림하고 측면을 안에서 밖으로 기와칼로 절반 가량 그어 분리한 IVAa1형식이 있다. 이 기와는 통쪽흔이 남아있는 기와 중, 역시 한 점인데, 줄무늬에 단판으로 전면두드림하고 측면을 양쪽 다 절반 가량으로 그어 분리한 IIIAb1형식과 함께 가장 앞선 1기에서 2기 전반의 단계로 파악되며 구체적 시기는 6세기 말에서 7세기 초중반이 되겠다.

중요한 것은 이 단계 기와가 측면 자르기 형식을 달리하며 다음 시기로 자연스럽게 계승된다는 점에서 일관된 계통성을 인정할 수 있다는 것이다.

(2) '주부토(主夫吐)' 글자기와 외

또 다른 한 종류는 '주부토(主夫吐)'와 관련된 것들로 수십여 점이 출토되었다. 이 외에도 '월(月)', '관(官)', '초(草)', '와초(瓦草)[15]', '천(天)' 등의 다양한 글자가 확인된다. 이들 글자기와들은 주로 솔잎무늬와 엇댄줄무늬, 복합무늬 기와에서 나타나고 있으며 두드림판은 글자와 무늬가 조합된 중판 이상으로 추정된다. 특히 '주부토' 글자기와는 측면 분할 자국이 한쪽은 내면에서 외면으로, 다른 한쪽은 외면에서 내면으로 교차분할한 것들이다. 보고자는 9세기의 특징으로 파악하였다.(겨레문화유산연구원 2011: 285)

15) 이 역시 보고서에서는 '범초(凡草)'로 해석하였다.

계양산성 '主夫' 글자(겨레문화유산연구원 2011)

도판 19. 계양산성 글자기와 3

이 또한 이 글에서 분류한 형식에 의하면 엇댄줄무늬 계열은 ⅢBb1, ⅢBb4, ⅢCb1형식에 포함되어 이르면 8세기 후반, 늦으면 9세기 후반까지 편년이 가능하다. 솔잎무늬나 복합무늬 계열도 ⅤBa1, ⅤBb1, ⅤBb4, ⅤCb4에 해당하여 9세기 전반에서 후반에 걸쳐 유행한 것임을 알 수 있다.

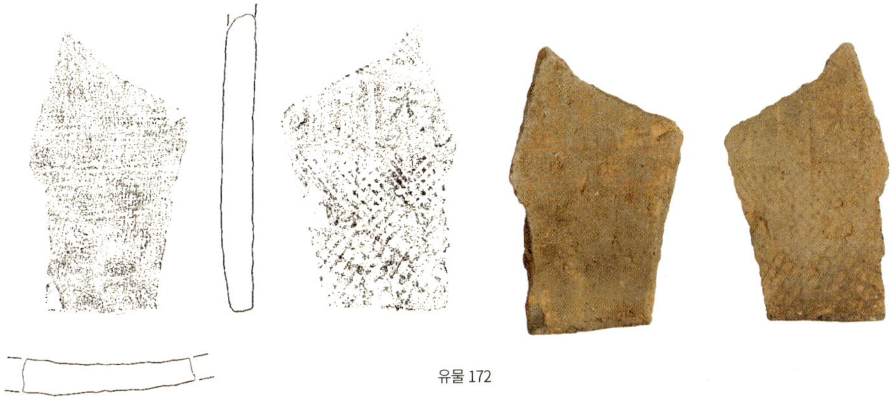

계양산성 '夫' 글자(겨레문화유산연구원 2011)

도판 20. 계양산성 글자기와 4

3. 기타 유적과의 비교

여기서는 상술한 신라 유적들 중에서 본격적인 발굴조사가 이루어진 유적을 대상으로 하여 출토된 신라기와를 중심으로 이 글의 편년안과 대비하는 작업을 하고자 한다. 이러한 과정을 통해 기존 보고서에서 삼국~통일신라로 분류된 기와를 좀 더 세밀히 편년하고 또한 세 유적만을 대상으로 하여 진행한 이 글의 결과에서 발생할 수 있는 오차나 오류를 검증하고자 한다.

1) 이천 설성산성(단국대학교 매장문화재연구소 2002, 2004a)

설성산성에 대한 본격적인 발굴조사는 2001년도에 시작하여 그 후 3차례의 조사가 더 이루어졌다. 그 결과, 백제토기를 비롯하여 신라 및 통일신라시대 후반기 기와가 출토되었다. 여기서 주목되는 것은 신라기와인데 그 양상이 자못 서울 독산동 유적과 유사하기 때문이다. 보고자는 산성의 축조시기를 6세기 후반에서 9세기로 파악하고 기와는 7세기와 9세기를 중심시기로 설정하고 있다. 1차 발굴보고에서 총 33점의 기와를 소개하였는데 그 대강의 특징을 살펴보면 외면 무늬는 줄무늬가 대다수고 복합무늬도 줄무늬를 위주로 한 복합무늬이다. 보고서상에 언급은 없지만 단판으로 기와 외면에 전면두드림하였으며 측면은 모든 기와가 내→외의 형태만이 확인되었다. 또한 신라기와의 두께는 전반적으로 1.5㎝내로 얇고 1㎝보다 얇은 것도 파악된다. 이상의 내용을 보면 필자의 기준에 의해 ⅢAb1형식과 ⅤAb1형식으로 구분할 수 있다. 따라서 ⅢAb1형식은 7세기 전반으로 세분할 수 있고 ⅤAb1형식은 9세기 전반을 중심시기로 구분할 수가 있겠다.

도판 21. 설성산성 줄무늬 기와 IIIAb1형식(단국대 매장문화재연구소 2002)

한편, 설성산성 2 · 3차 발굴조사에서는 많은 도장찍은기와가 출토되어 관심을 끌었다. 도장의 형태는 모두 방형이며 외면 무늬는 격자무늬가 많고 줄무늬도 한 점 있다. 모두 단판 두드림판으로 전면두드림하였고 측면 분할은 내→외이다. 글자의 내용은 알 수 없다. 보고자는 경주의 출토예를 들어 조심스럽게 8세기 이전으로 추정하거나 인장의 형태로 보아 시기를 더 늦게 편년하였다. 하지만 필자의 기준으로는 명확히 IVAb1형식과 IIIAb1형식에 들어가는 7세기 전반을 중심으로 하는 신라 기와이다.

도판 22. 설성산성 도장찍은 기와 IVAb1형식(단국대 매장문화재연구소 2004a)

도판 23. 설성산성 복합무늬 기와 ⅤAb1형식(단국대 매장문화재연구소 2002)

2) 이천 설봉산성(단국대학교 매장문화재연구소 2000, 2001)

설봉산성은 1998년 이후 본격적인 발굴조사를 통해 백제시대부터 조선시대까지 활용된 것으로 파악되었다. 이와 함께 수많은 유물이 출토되어 학계의 비상한 관심을 받았다.

이 중 삼국 및 통일신라시기와 관련하여, 백제토기가 밀집 출토된 것과 함께 신라 유물이 대다수 출토되었다. 특히 플라스크형 구덩이 유구와 성벽 절개 토층에서 출토된 백제토기에 의해 경기지역 백제 석성 초축설을 제기하여 논란의 불씨를 던졌다. 요약하자면, 그동안 백제에서 석성을 축조한 시기는 6세기 후반에야 가능했다는 것에서 백제가 신라보다 기술적 우위에 있었다는 점, 고구려와 같은 계통에서의 기술적 연속성으로 인해 고구려와 같은 석성 축조기술이 확보되어 있었을 것이라는 점 등을 명분으로 제시하였다. 이어 설봉산성 성벽에서 출토되는 백제토기가 4세기 후반에서 5세기 초반으로 편년되고 당시 대고구려 방어책으로서의 역할, 설봉산성 수구터와 물저장터, 그 내부와 주변에서 백제토기만이 출토된다는 점 등을 고려하면 백제가 4세기 후반에 처음 석성을 쌓았다는 것이다.

앞서 필자는 백제토기가 출토되는 것과 석성의 축조를 구분하여 볼 필요성을 언급한 바 있지만 다시 부연하자면 설봉산성에서는 백제토기에 상응하는 백제기와가 한 점도 출토되지 않았다.

풍납토성 발굴결과(국립문화재연구소 2009, 2012a, 2012b, 2013; 서울역사박물관 · 한신대학교박물관 2008)에서도 한성백제기 토기와 상응하는 백제기와가 수만 점 출토된 것에 비해 설봉산성에서는 백제기와가 출토되지 않는 점, 기와가 출토되는 곳을 왕궁, 관청, 사찰, 신묘로 추정할 수 있을 것이라는 기본 인식에서 설봉산성에서는 백제기와가 출토되지 않는 것으로 보아 석성을 축조할 정도의 공력을 투입할 수 있는 권력집단에서 기와를 사용하지 않았다는 점 등에서 본다면 설봉산성의 백제토기 사용집단은 고지성 취락의 한 형태로서 점 단위의 고지성 방어 취락을 형성하였던 것으로 판단할 수 있다.

이후 신라가 이 지역을 점유하면서 본격적으로 축성과 함께 기와 건물을 축조하였던 것으로 파악된다. 여기서는 신라기와를 대상으로 세부 편년을 검토하였다.

보고서(단국대학교 매장문화재연구소 2001)에서는 Ⅰ지구 출토 기와와 성벽출토 줄무늬 기와가 주목되는데 특히 성벽 출토 기와는 굽구멍이 뚫린 굽다리접시나 찻종 등과 함께 적갈색 다짐 점토층에서 출토되고 있다고 하였다. 이 기와들은 두께 1㎝ 내외의 회청색 경질 기와로 외면의 무늬는 줄무늬이고 내면엔 조밀한 베자국이 남아 있고 측면 자른자국은 내면에서 외면 쪽으로 부분 분할하거나 또는 전면 분할, 2~3회 조정하였다고 하였다.

보고된 내용만을 토대로 하면 줄무늬 기와는 이 글의 ⅢAa1, ⅢAb1, ⅢAb2, ⅢAb3형식으로 각각 구분할 수 있어 함께 출토되는 토기군과 구별된다. 즉, ⅢAa1형식은 6세기 후반으로, ⅢAb1형식은 7세기 전반, ⅢAb2형식은 7세기 후반, ⅢAb3형식은 8세기 전반으로 그 중심시기를 각각 설정할 수 있다.

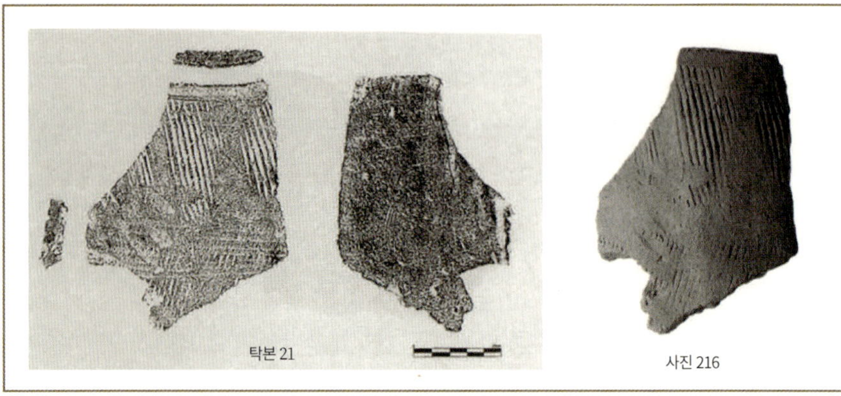

도판 24. 설봉산성 줄무늬 기와 IIIAa1형식(단국대 매장문화재연구소 2001)

도판 25. 설봉산성 줄무늬 기와 IIIAb1형식(단국대 매장문화재연구소 2001)

도판 26. 설봉산성 줄무늬 기와 IIIAb2형식(단국대 매장문화재연구소 2001)

탁본 3　　　　사진 197

도판 27. 설봉산성 줄무늬 기와 IIIAb3형식(단국대 매장문화재연구소 2001)

한편, 같은 층에서 출토되는 격자무늬류 기와는 IVBb1 또는 IVCb1형식에 해당하는 것으로 판단되어 그 시기는 9세기 전반 또는 10세기 전반으로 편년이 가능하다.

3) 연천 호로고루(한국토지공사토지박물관 2007)

호로고루는 임진강 일대의 당포성, 은대리성과 함께 대표적인 고구려 관방 유적이다. 본격적인 발굴조사는 2006년부터 한국토지공사 토지주택박물관에 의해 이루어졌다. 발굴조사 결과, 수많은 고구려토기와 기와, 통일신라시대의 기와 등을 비롯하여 고려, 조선시대에 이르기까지의 유적이 확인되었다.

이 글에서는 통일신라시대 유물로 추정되는 기와를 분석대상으로 삼았다. 보고서에서는 고구려 기와의 주목성에 밀려 대강 통일신라~고려 초기로 편년한 바이다. 총 15점의 기와가 보고되었는데 무늬는 주로 줄무늬와 격자무늬 계열이고 단판과 중판이 주를 이룬다. 기와 외면에 전면두드림하였으며 측면은 한 번 또는 2~3회 조정한 것들이다.

줄무늬 계통은 단판으로 전면두드림하고 측면을 전면분할 또는 2~3회 조정한 것들로써 IIIAb2 또는 IIIAb3에 해당하여 7세기 후반부터 8세기 전반을 중심시기로 편년할 수 있다.

또한 격자무늬 계통은 단판 또는 중판으로 전면두드림하고 측면을 2~3회 조정한 것들로 ⅣAb3나 ⅣBb3에 해당한다. ⅣBb3는 이 글의 대표 유적 분석에서는 출토예가 없어 정리된 편년안에 포함되지는 않으나 이미 이론적으로는 제시된 바 있다. 따라서 8세기 전반을 중심으로 편년된 ⅣAb3형식에 이어 8세기 중반을 중심시기로 편년할 수 있겠다.

이 외, 한두 점의 줄무늬 계통과 솔잎무늬 계통은 장판의 두드림판에 측면을 내→외로 부분 분할한 것들로 ⅢCb1과 ⅤCb1에 해당하여 9세기 중반에서 10세기 전반으로 편년이 가능하다.

유물 459

도판 28. 호로고루 수키와 ⅢAb2형식(한국토지주택공사 토지박물관 2007)

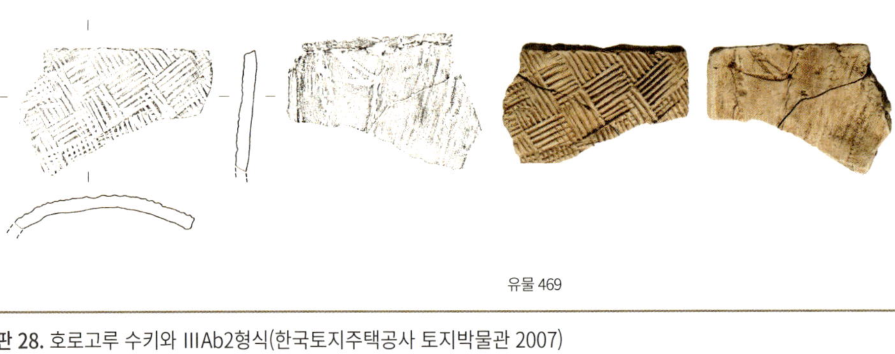

유물 469

도판 28. 호로고루 수키와 ⅢAb2형식(한국토지주택공사 토지박물관 2007)

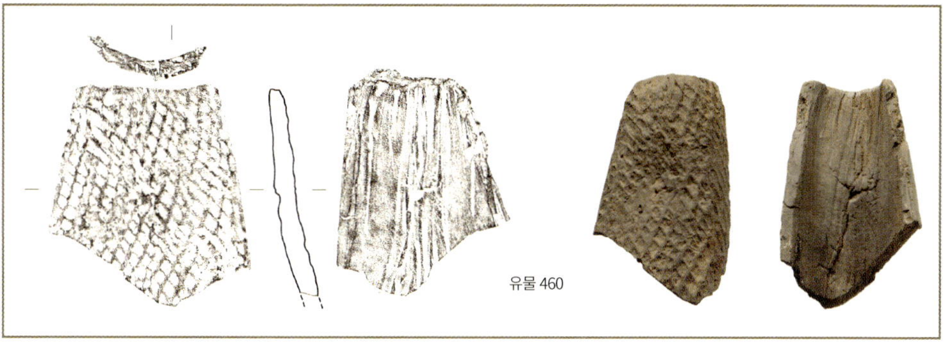

도판 30. 호로고루 수키와 IVAb3형식(한국토지주택공사 토지박물관 2007)

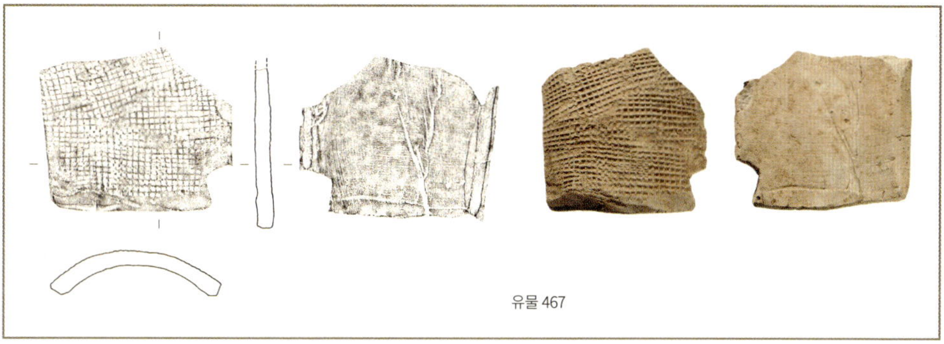

도판 31. 호로고루 암키와 IVBb3형식(한국토지주택공사 토지박물관 2007)

4) 파주 덕진산성(중부고고학연구소 2014, 2018)

덕진산성은 파주시의 북서쪽 말단부, 임진강 북안에 접한 저구릉성 산지 정상부에 위치한다. 중부고고학연구소에서 2012년과 2013년에 진행한 발굴조사 결과, 삼국시대 초축의 축성세력 주체를 고구려로 볼 것이냐, 신라로 볼 것이냐로 다양한 의견이 제시되어 흥미롭다.

조사내용을 살펴보면 특히 내성 조사에서 최초 성벽이 토축으로 이루어진 후 석축성벽으로 바뀌었음을 밝혔으며 이후에도 수차례의 개축이 이루어진 상황을 파악하였다. 외성도 토축성벽과 석축성벽으로 구분되며 보축성벽과 함께 계속적인 수 · 개축이 진행되었음을 알 수 있었다.

평기와류는 총 656점으로 정치한 분석이 이루어졌다. 보고자는 꼰무늬 두드림의 암키와 일부와 수막새는 고구려기와로 보았고 줄무늬, 격자무늬, 솔잎무늬 등의 기와는 통일신라시대 기와로, 이후 솔잎무늬와 복합무늬가 주를 이루다가 무지개무늬와 파도무늬로 이어지는 고려~조선시대 기와로 크게 구분하였다. 대부분의 기와는 통일신라시대 기와가 주를 이룬다고 하였다.

하지만 고구려기와로 분류된 기와에 대해서는 좀 더 검토가 필요할 것으로 판단된다.

통일신라시대 기와로 분류된 것들을 좀 더 자세히 살펴보면, 외면의 무늬는 줄무늬와 격자무늬가 주를 이루고 일부 솔잎무늬가 나타난다. 이 중 단판의 것은 기존의 연구성과(이인숙 2008)를 근거로 통일신라 전반기로, 솔잎무늬나 엇댄줄무늬계는 통일신라 후기 이후로 크게 구분하였다. 또 기와 외면은 대부분 전면두드림하였으며 측면 분할 방법은 이 글의 구분법에 의하면 1~4까지 모두 나타나나 내→외(1)로의 방식이 대다수라고 하였다. 하지만 보고서 내용을 자세히 보면 내→외로의 분할 후 파쇄면을 정리하여 깔끔하게 마무리하였다고 표현한 것도 포함되어 있어 이런 기와는 2차 조정(3)을 한 것으로 파악하였다.

이러한 판단이 인정된다면, 단판의 줄무늬기와는 IIIAb1형식과 IIIAb3형식이 공존하며 격자무늬 계통은 IVAb1형식과 IVAb3형식이 함께한다. 따라서 이 글의 편년안에 따라 IIIAb1형식과 IVAb1형식은 7세기 전반을 중심연대로 설정할 수가 있고 IIIAb3형식과 IVAb3형식은 8세기 전반으로 구분할 수가 있겠다. 한편, 앞선 시기의 IIIAb1형식과 IVAb1형식은 기와 두께도 1.5㎝ 내외로 얇다. 결국, 덕진산성 기와 중 통일신라기와로 분류된 것들은 이 글의 기준에 의해 삼국 말(7세기 전반~중반)과 통일신라 중기(8세기 전반)로 중심시기를 설정할 수가 있다.

도판 32. 덕진산성 암키와 IIIAb1형식(중부고고학연구소 2014)

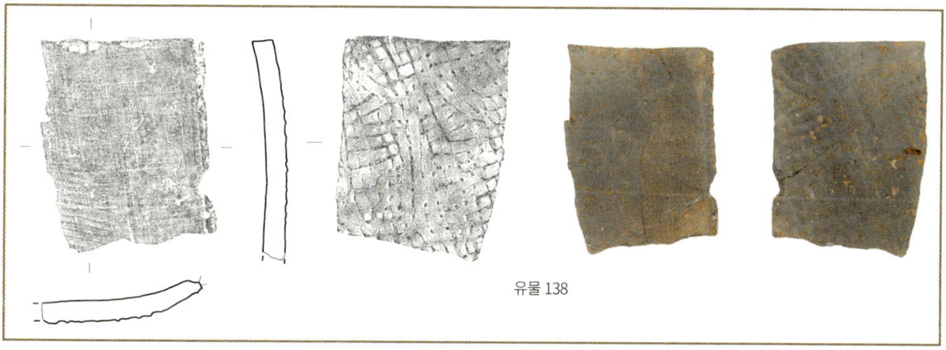

도판 32. 덕진산성 암키와 IIIAb1형식(중부고고학연구소 2014)

5) 서울 아차산성(한강문화재연구원 2020)

최근, 아차산성이 본격적으로 발굴 · 보고되었다. 아차산성은 이제 두 차례의 발굴이 이루어져 향후의 조사결과가 더욱 기대되는 곳이다. 조사는 아차산성에서 가장 높은 곳에 위치한 장대지와 그 남쪽 건물지에 대해 진행되었다.

주지하다시피 아차산성 일대를 비롯한 한강유역에는 강 건너에 한성백제 도성인 풍납토성과 몽촌토성, 아차산 줄기를 따라 조성된 고구려의 보루 유적 등이 자리하고 있어 당시 삼국이 한강유역을 차지하기 위해 노력했던 긴박한 역사적 단면이 절실하게 나타나고 있는 곳이다.

아차산성은 유구와 출토유물로 보아 6세기 중반 이후 신라가 한강유역에 진출하면서 축성한 것으로 파악하였다. 하지만 기와에 대해서는 다소 다른 의견이 있다. 여기에서는 기와에 대해서만 언급하겠다.

보고서에서는 말미에 아차산성 출토 기와에 대한 고찰을 따로 기술하였는데, 총 145점의 기와를 대상으로 와통 형태, 소지 형태, 두드림판 크기, 두드림 방법(횟수), 두드림 방향, 외면 무늬, 내면 하단 다듬기 방법, 측면 자르기 방법, 하단 끝다듬기 방법으로 구분하여 형식 분류하고 Ⅰ형식부터 Ⅸ형식까지 총 9개의 형식을 제시하였다.

Ⅰ형식은 통쪽와통, 점토띠 성형, 귀접이 등의 특징을 들어 6세기 중반 이전 고구려 기와로 판단하였다.

Ⅱ형식은 Ⅰ형식과 같은 단판에 꼰무늬 전면 두드림 방식 및 원통형 와통과 점토판 성형, 하단 끝 두드림이라는 제작법의 차이를 들어 7세기 전후로 신라가 아차산성을 처음 축조할 때 제작한 기와로 추정하였다.

Ⅲ형식은 이전의 Ⅰ,Ⅱ형식이 적색의 꼰무늬 두드림이라는 고구려 전통 기술이었던 반면, 회색의 줄무늬 전면 두드림 방법으로서 신라계 기술의 유입이 시작되는 시점으로 보아 7세기 전반 어느 시점으로 추정하였다.

나머지 Ⅳ형식은 8세기, Ⅴ형식은 9세기 중반 이전까지로 편년하였다.(한강문화재연구원 2020: 646-665)

우선, Ⅰ형식의 기와를 아차산성 기와의 형식분류에 포함하는 것 자체에 의

문이 든다. 머리말에서 언급하였듯이 유물에 나타나는 개별적 기술 요소를 통해 유적의 정치적 또는 영역적 판단을 하는 것 자체는 지난 시간 동안 많이 보아왔다. 하지만 삼국은 수많은 고고학적인 증거를 통해 살펴보았을 때, 당시 문화적 · 기술적으로 많은 부분을 공유하며 함께 발전해 왔다고 생각한다. 따라서 개별적 기술 요소를 문화나 기술의 교류적 차원에서 이해해야지, 정치나 영역의 범주에서 국가적인 영향을 준 것으로 이해해서는 안 될 것이다.

또한 Ⅰ형식 자체를 고구려 기와로 판단하는 것에도 수긍하기 어려운 부분이 많다. 일단, Ⅰ형식 기와의 소위 고구려적인 요소를 받아들여 고구려 기와라고 한다면, 그에 상응하는 공반 유물로서 토기나 기타 유물들도 함께 출토되는 상황이어야 하는데 현재까지의 발굴 결과에서는 그러한 증거들을 찾지 못하였다.

두 번째, 통쪽 와통의 기술적 전통은 신라에서도 나타나며 통일신라 초반까지도 유지되는 것이기도 하거니와 아차산성 기와의 통쪽 흔적은 이미 보고된 고구려의 통쪽 와통이나 백제 와통과는 다른 신라 통쪽 와통으로 판단되기 때문이다.

그렇다면 왜 고구려의 문화기술을 지닌 기와가 남아 있을까? 이에 대해서는 두 가지 가능성을 제시하며 마무리하고자 한다. 첫째, 기와는 국가적 차원에서 관리 · 공급하였으며 당시 관청급이 아니면 사용조차 할 수 없는 재료이다. 때문에 당시 신라가 한강유역에 진출하여 국가적 차원에서 아차산성을 축성, 경영하면서 신라 관청 관리하의 장인들을 중심으로 기와 수급이 이루어졌으리란 것은 짐작 가능하다. 더불어 수요에 비해 공급이 부족할 여지가 있다고 판단한다. 이에 재지의 장인들을 흡수하여 전반적인 공정에 참여시켰을 가능성이 있다. 아무튼, 신라 관청의 관리하에 있었던 것만큼은 분명하다 할 것이다.

둘째, 아차산성 주변의 아차산 줄기에는 선행하는 고구려 보루 유적이 남아 있다. 앞선 조사에서 홍련봉 보루에서는 수많은 고구려 기와와 함께 고구려 유물이 보고되었다. 따라서 후대에 여기에서부터 유입된 고구려 기와일 가능성은 있으나 적극적으로 아차산성에서 제작, 사용한 기와는 아닌 것이다.

각설하고 아차산성 출토기와는 대부분 신라기와임은 분명하다. 따라서 본인의 편년안에 따르면 꼰무늬를 바탕으로 단판 또는 중판에 전면 두드림하고 측면을 1번 또는 2~3번 조정한 기와들은 ⅡA(B)b2, ⅡA(B)b3[16] 형식에 해당하며 각각 7세기 전반에서 중반, 7세기 후반에서 8세기 전반으로 중심시기 설정이 가능하다. 즉, ⅡA(B)b2형식은 신라가 한강유역에 진출한 이후, 통일 이전 시기에 해당하고 ⅡAb3형식은 통일 직후가 되겠다. 또한, 줄무늬나 격자무늬에 단판으로 전면 두드림하고 측면을 2~3번 조정한 기와들은 ⅢAb3(ⅣAb3) 형식에 해당하며 8세기 전반을 중심시기로 설정할 수 있다. 한편, 일부 민무늬 유형에서는 Ⅰ1형식과 Ⅰ2, Ⅰ3형식이 모두 나타나는 것으로 보고되어 향후의 조사를 통해 자세한 관찰이 이루어진다면 아차산성 기와는 6세기 중후반으로 올라갈 가능성도 있다.

자세한 관찰과 분석은 후일로 미룬다.

---

16) 앞 장에서 제시한 45종의 형식분류상에는 포함되지 않는 형식이나 이미 이론적으로는 도출된 형식에 포함된다.

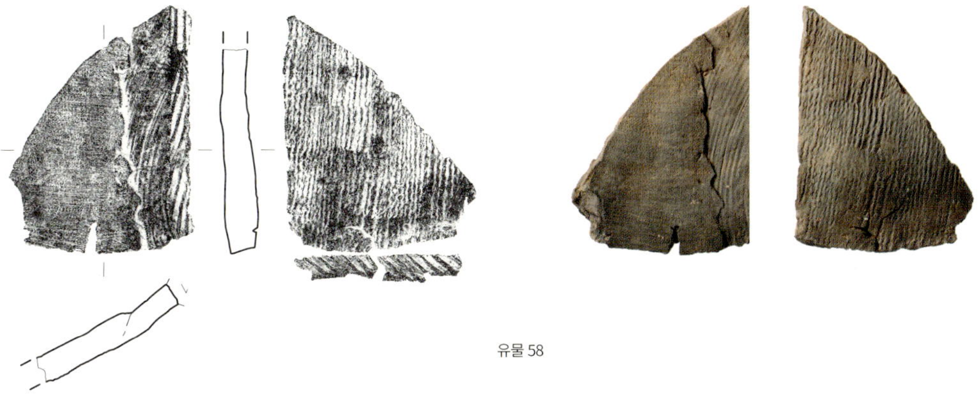

유물 58

도판 34. 아차산성 암키와 ⅡA(B)b2형식(한강문화재연구원 2020)

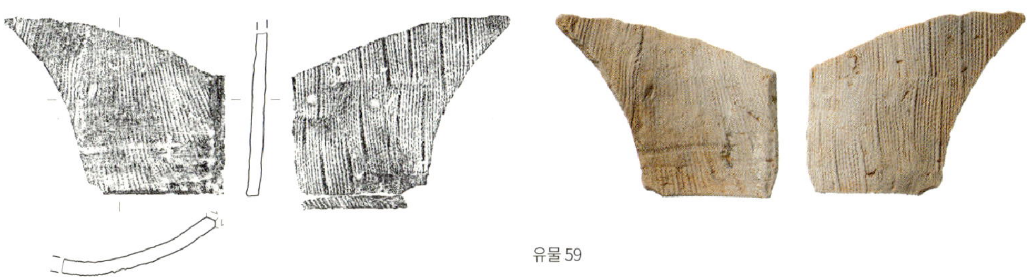

유물 59

도판 35. 아차산성 암키와 ⅡA(B)b3형식(한강문화재연구원 2020)

V. 한강유역 신라기와의 편년

Ⅴ. 한강유역 신라기와의 편년

이상, 한강유역 신라 유적 중에서 서울 독산동 유적과 인천 계양산성 유적, 포천 반월산성 유적에서 표본추출한 578점의 기와들을 대상으로 속성분석한 결과, 다음과 같이 한강유역 신라기와의 편년안을 제시할 수 있다.

이를 해당 형식, 특징, 역사적 정황과 함께 간략히 정리하였다.

1. 제 1기 : 6세기 중반 ~ 7세기 전반

Ⅰ1형식과 Ⅰ4형식을 비롯하여 ⅡAb2, ⅢAa1, ⅢAb1, ⅣAa1, ⅣAb1형식 등 총 7개의 형식이 이에 해당한다.

민무늬(Ⅰ)와 꼰무늬(Ⅱ), 줄무늬(Ⅲ), 격자무늬(Ⅳ)로 대표되며 민무늬에 측면 부분 분할 형식(1)인 Ⅰ1형식과 단판(A)의 줄무늬에 부분두드림(a)하고 측면 부분 분할한 형식(1)인 ⅢAa1형식, 단판의 줄무늬에 전면두드림(b)하고 측면 부분 분할한 형식인 ⅢAb1형식이 주류이다. 나머지 형식들은 다소 앞서거나 대부분 그보다는 다소 후행하는 형식이다.

특히 이 단계의 주된 형식인 ⅢAa1형식은 서울 독산동 유적에서 대부분 출토된 것들이며 ⅢAb1형식은 포천 반월산성에서 출토된 것들이 대부분이다. 두드림방법에 있어 부분두드림한 ⅢAa1형식이 Ⅰ1형식과 함께 ⅢAb1형식보다는 앞선 시기로 판단된다. 부가적으로, 앞선 두 형식의 내면은 베자국만이 선명할 뿐 그 외에는 아무런 자국이 나타나지 않고 있어 다른 형식과는 차이를 보이고 있다. 또한 두께도 1㎝ 내외로 얇다. 따라서 독산동 유적의 기와는 시기 구분의 출발점에 있어 기준점이 될 수 있다.

독산동 유적은 앞선 대표 유적 설명에서도 언급하였지만 신라가 한강 유역에 진출한 6세기 중반에서 7세기 전반까지 일시적으로 운영되었던 것으로 판단되는 유적으로 토기나 기와의 형식도 후행하는 통일기의 형식보다는 앞선 것으로 판단하고 있다.(겨레문화유산연구원 2016: 571-593)

이 시기는 역사적으로도 신라가 553년 한강유역을 완전히 점령한 이후 삼국통일의 발판을 다져나가던 시기이다. 교통로를 따라 진행된 진흥왕대의 활발한 북진정책으로 한강유역은 한주(漢州)의 전신인 신주(新州)가 설치되고 신라는 적극적으로 6군(六郡)을 영유하기 시작한다. 이후 신라는 임진강 유역까지 주요 성곽을 구축하고 고구려군과 임진강을 사이에 두고 대치하였다.

2. 제 2기 : 7세기 중반 ~ 7세기 후반

Ⅰ2-1형식과 함께 ⅡBb2, ⅡCb2, ⅢAa2, ⅢAb2, ⅢBb2, ⅣAb2, ⅣBb2, ⅤAb2형식 등 총 9개의 형식이 이에 해당한다.

역시 민무늬와 꼰무늬, 줄무늬, 격자무늬로 대표되며 복합무늬 형식인 Ⅴ형식이 7세기 후반대, 즉 통일 직후 등장하기 시작한다. 초기의 복합무늬 단계는 줄무늬+줄무늬, 또는 줄무늬+격자무늬의 형태이다.

통일 전 삼국 말까지의 무늬 구성대는 전 단계인 제 1기와 동일하며 두드림판은 단판(A)형식이 주류이긴 하나 중판(B)도 동시성을 보이며, 특히 두드림 방법에 있어 부분두드림 방식(a)보다는 전면두드림 방식(b)이 주류를 이루고 있다. 가장 두드러진 특징으로는 이 단계에 오면 측면 분할 방법에 있어 한 번에 잘라서(2) 말린 뒤 사용하는 방식이 대부분으로 이 시기를 구분짓는 대표적인 속성으로 판단할 수 있겠다.

역사적으로 이 시기는 신라 중대에 해당하며 태종무열왕과 문무왕, 김유신, 신문왕의 치세다. 한강유역을 중심으로 삼국통일을 완성해 나감과 동시에 다양한 제도와 정책을 통해 국가를 운영하는 지배체제의 틀을 구비해 나갔던 것으로 파악된다.

3. 제 3기 : 8세기 전반 ~ 8세기 후반

Ⅰ3-1형식과 함께 ⅢAb3, ⅢAb4, ⅢBb1, ⅢCb3, ⅣAb3, ⅣAb4, ⅤAb3, ⅤBb2, ⅤBb3, ⅤCb3 등 총 11종의 형식이 나타나 전 시기에 비해 좀 더 다양한 형식이 공존한다.

무늬대는 줄무늬와 격자무늬의 지속적인 사용과 함께 복합무늬의 양상도 좀 더 다양해지고 있다. 두드림판의 형식도 단판과 중판이 지속되나 장판이 등장하여 혼재한다. 두드림 방법에 있어서는 기와 외면에 전면두드림하는 것이 보편적 방법으로 자리잡는다. 측면 분할 방법은 더욱 다양해져 와통에서 기와를 분리한 뒤 부분 분할하여 곧바로 2~3회 조정, 낱건조를 시키는 것이다.

이 시기는 신라의 정치, 사회, 문화 전반에 걸쳐 최고 전성기에 해당하며 통치조직의 확립과 발전을 바탕으로 문화 전반의 극성기라고 할 수 있다.

4. 제 4기 : 9세기 전반 ~ 9세기 후반

Ⅰ4-1, Ⅰ1-1형식을 비롯하여 ⅢBb4, ⅢCa1, ⅢCb1, ⅣBa1, ⅣBa4, Ⅳ

Bb1, ⅣBb4, ⅤAb1, ⅤAb4, ⅤBa1, ⅤBb1, ⅤBb4, ⅤCb4 등 총 15종의 다양한 형식이 등장한다.

전통적인 단위 무늬인 줄무늬, 격자무늬의 마지막 단계로 파악되며 다양한 복합무늬와 함께 다양한 무늬 형식이 활발히 등장하는 시기이다. 두드림 방법은 역시 기와 외면에 전면두드림하는 것이 보편적이며 일부 부분두드림이 이루어지는 장판의 두드림판은 시기 구분상에서는 무의미한 것으로 판단된다. 두드러진 양상은 측면 분할 방법에 있어서 부분 분할 방식(1)이 재등장하여 보편화되고 그 세부적인 양상에서도 다른 한쪽은 기와 외면에서 내면으로 향하는 형식(4)이 8세기 후반에 등장한 이래 공존한다.

이 시기는 8세기 후반부터 대두된 정치 · 사회적 모순이 심화되고, 9세기 전반에 이르러서 지방 호족들이 등장, 성장하여, 신라의 중앙집권적 권력이 극도로 쇠약해지는 때이다. 이로 인해 9세기 말 농민들의 저항과 지방 호족세력들의 창궐은 극심해지게 된다.

5. 제 5기 : 10세기 전반

ⅣCb1형식과 ⅤCa1, ⅤCb1형식 등 3종의 형식만이 나타난다. 통일기의 마지막 단계로서 전통적인 단위 무늬대는 거의 사라지고 다양한 복합무늬와 솔잎무늬가 본격적으로 사용되기 시작한다. 측면 분할 방법에서는 전 단계에 나타났던, 기와 내외면을 서로 다르게 분할했던 방식이 사라지고 내면에서 외면으로의 분할(1) 형식으로 통일되는 양상이 나타난다.

이 시기는 9세기부터 대두된 지방세력들이 본격적으로 전국 도처에 할거하여 신라가 지방에 대한 통제권을 이미 상실한 때이다. 특히 견훤의 후백제 건국

(900)과 궁예의 태봉 건국(901년)으로 후삼국시대의 본격적인 개막을 알린 때이기도 하다.

이상의 결과를 바탕으로 신라 말 통일신라시기 기와의 구체적인 편년안을 제시하면 표 7과 같다.

이 표는 이 글의 집약이다.

해당 시기마다 한강 유역에서 유행한 기와 형식들을 정리하고 각각의 형식이 크게 유행한 시기와 함께 그 상한과 하한을 고려하여 제시하였다. 표에서 알 수 있듯이, 각 형식들이 해당 시기에만 유행한 것은 아니다. 많은 형식들이 이미 그 전 시기에 나타나기도 하며 중심 유행시기를 지나 다음 시기까지도 꾸준히 이용되기도 한다. 같은 한강 유역이라고 해도 그 안에서조차 지역차를 보이고 있는 것이다.

표 8은 지금까지 진행한 한강유역 신라기와의 편년 및 토기와 글자기와와의 비교, 기타 유적과의 비교 결과를 종합한 것이다.

표 7. 시기 구분표

1기	2기	3기	4기	5기
6c중 ~ 7c전	7c중 ~ 7c후	8c전 ~ 8c후	9c전 ~ 9c후	10c전
← Ⅰ1 →				
← Ⅰ4 →				
	← Ⅰ2-1 →			
		← Ⅰ3-1 →		
			← Ⅰ4-1 →	
			← Ⅰ1-1	
← ⅡAb2 →				
	← ⅡBb2 →			
	← ⅡCb2 →			
← ⅢAa1 →				
	← ⅢAa2 →			
← ⅢAb1 →				
	← ⅢAb2 →			
		← ⅢAb3 →		
		ⅢAb4 →		
	← ⅢBb2 →			
		← ⅢBb1 →		
			← ⅢBb4 →	
		← ⅢCb3 →		
			← ⅢCa1 →	
			← ⅢCb1 →	
ⅣAa1 →				
← ⅣAb1 →				
	← ⅣAb2 →			
		← ⅣAb3 →		
		ⅣAb4 →		
	← ⅣBb2 →			
			← ⅣBa1 →	
			← ⅣBa4 →	
			← ⅣBb1 →	
			← ⅣBb4 →	
				← ⅣCb1
	← ⅤAb2 →			
		← ⅤAb3 →		
			← ⅤAb1 →	
			← ⅤAb4 →	
		← ⅤBb2 →		
		← ⅤBb3 →		
			← ⅤBa1 →	
			← ⅤBb4 →	
				← ⅤCa1
		← ⅤCb3 →		
			← ⅤCb4 →	
				← ⅤCb1

Ⅰ민무늬, Ⅱ꼰무늬, Ⅲ줄무늬, Ⅳ격자무늬, Ⅴ기타무늬 | A단판, B중판, C장판 | a부분두드림, b전면두드림

1측면내→외분할, 2전면분할, 3두세번조정, 4외→내분할 | -1내면조정

표 8. 상대 비교표

	기와 형식	토기 형식
제1기 (6c 중 ~ 7c 전)	 독산동 Ⅰ1형식(독산-82)  독산동 ⅣAa1형식(독산-434)  독산동 ⅢAa1형식(독산-415)  계양산성 Ⅱ Ab2형식(계양 Ⅱ-795)	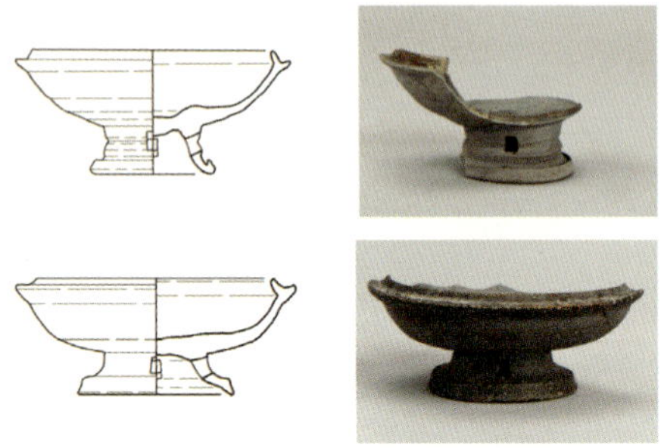 독산동 출토 뚜껑 달린 굽접시(독산-223 · 442) 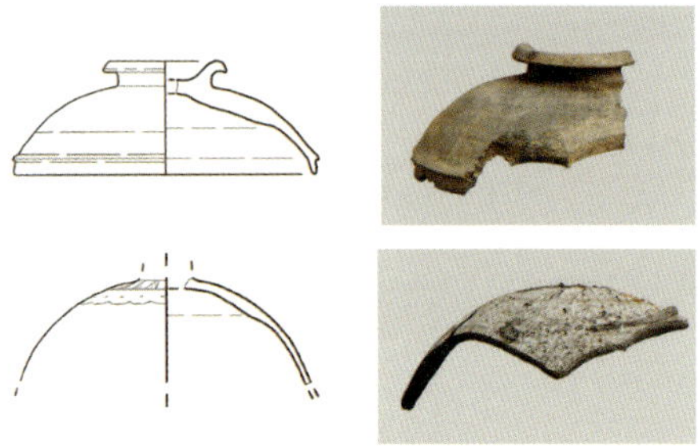 독산동 출토 뚜껑(독산-43 · 376)
제2기 (7c 중 ~ 7c 후)	 계양산성 ⅢAb2형식(계양 Ⅱ-188) 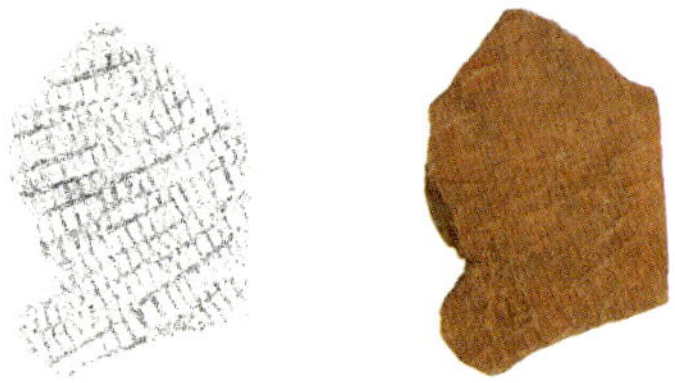 계양산성 ⅣAb2형식(계양 Ⅱ-356)  계양산성 ⅤAb2형식(계양 Ⅱ-803)	 반월산성 뚜껑 달린 굽접시(반월종-도면 11-5, 사진 13-5) 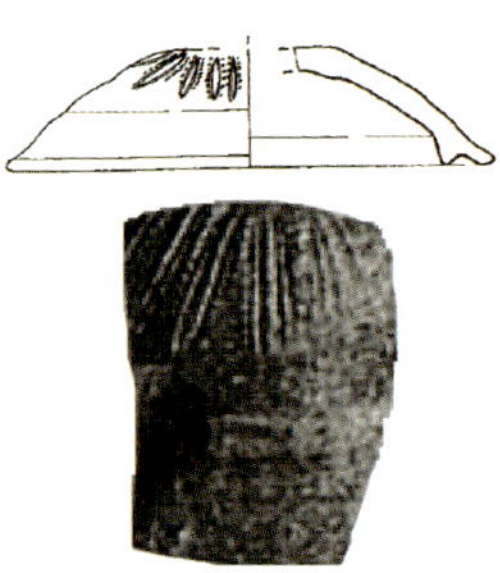 반월산성 뚜껑(반월종-도면 4-3, 사진 4-10)

명문 기와	기타 유적 출토 기와	속성
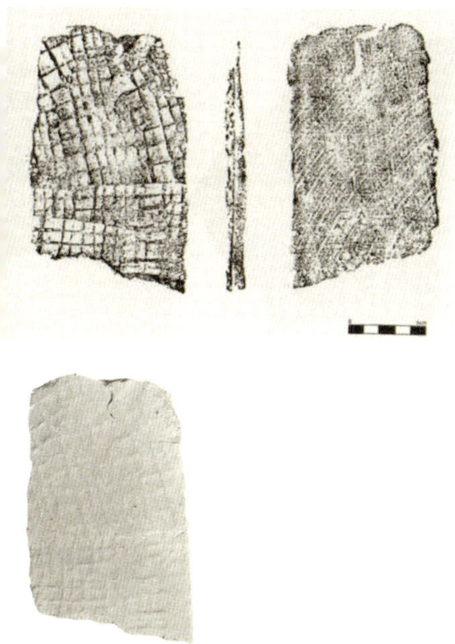 설성산성 인장 명문와 IVAb1형식(설성2 · 3-탁본 · 사진 31)	 설봉산성 IIIAa1형식(설봉2-탁본 21, 사진 216) 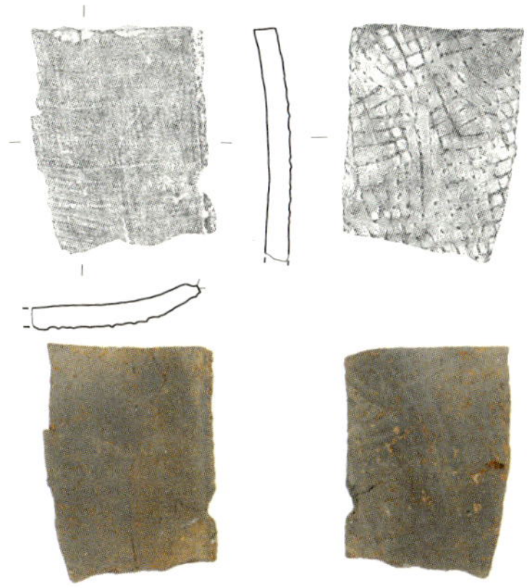 덕진산성 IVAb1형식(덕진-138)	I 민무늬 II 꼰무늬 III줄무늬 IV격자무늬 V 기타무늬 A 단판 B 중판 C 장판 a 부분두드림 b 전면두드림 1 측면내→외분할 2 전면분할 3 두세번조정 4 외→내분할 -1 내면조정
 설성산성 인장 명문와 IIIAb1형식(계양 II -349)	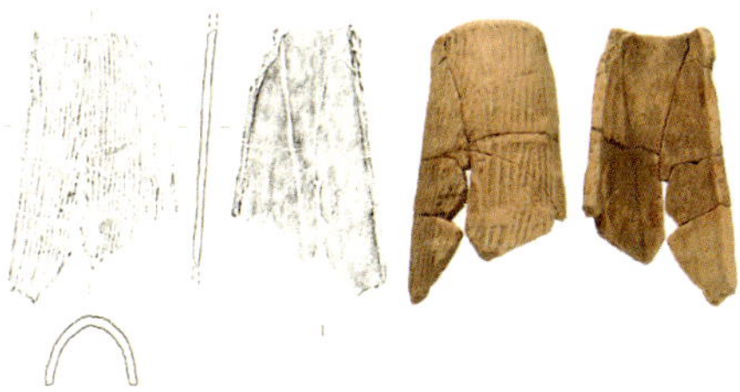 호로고루 IIIAb2형식(호로고루III-459)  설봉산성 IIIAb2형식(설봉2-탁본 2, 사진 197)	

<table>
<tr><th></th><th>기와 형식</th><th>토기 형식</th></tr>
<tr><td rowspan="2">제3기

(8c 전
~
8c 후)</td><td>
반월산성 IIIAb3형식(반월종–탁본 7-2, 사진 17-4)</td><td>
반월산성 굽접시(반월종-도편 11-10, 사진 14-2)</td></tr>
<tr><td>
계양산성 IVAb3형식(계양 II -564)</td><td>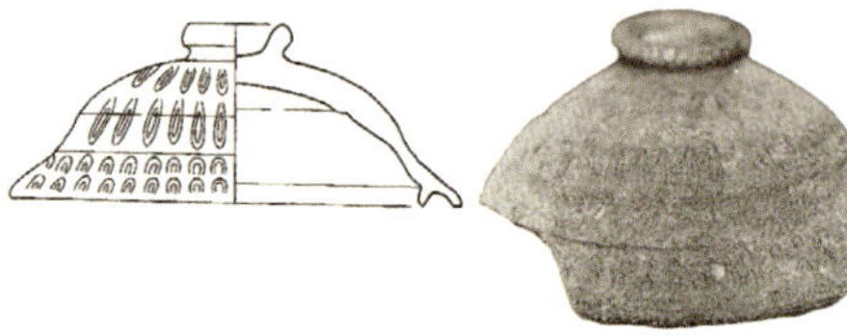
반월산성 뚜껑(반월종-도면 6-13, 사진 7-1)</td></tr>
<tr><td rowspan="2">제4기

(9c 전
~
9c 후)</td><td>
계양산성 IVBb1형식(계양 II -712)</td><td>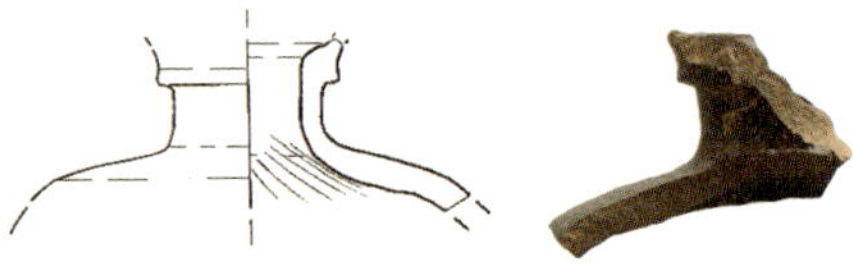
계양산성 편구병(계양 II -259)</td></tr>
<tr><td>
반월산성 V Cb4형식(반월종-탁본 23-1, 사진 33-1)</td><td>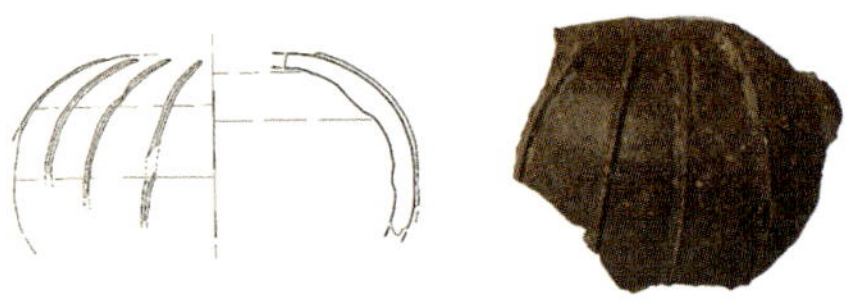
계양산성 덧띠무늬병(계양 II -261)</td></tr>
</table>

명문 기와	기타 유적 출토 기와	속성
 계양산성 부호 명문와 IIIAb3형식(계양II-280)	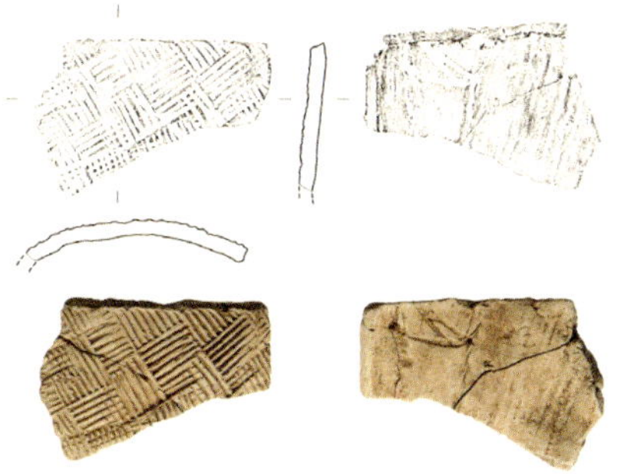 호로고루 IIIAb3형식(호로고루III-469)	I 민무늬 II 꼰무늬 III줄무늬 IV격자무늬 V 기타무늬 A 단판 B 중판 C 장판 a 부분두드림 b 전면두드림 1 측면내→ 외분할 2 전면분할 3 두세번조정 4 외→내분할 –1 내면조정
 월산성 '마홀'명 기와 V Bb2형식(탁본-반월1, 사진-국립중앙박물관 e뮤지엄)	 호로고루 IVAb3형식(호로고루III-460)	
 계양산성 '부'명문와 V Bb1 또는 V Bb4형식(계양II-172)	 설봉산성 IVBb1형식(IVCb1형식가능성)(설봉2-탁본 8, 사진 203)	
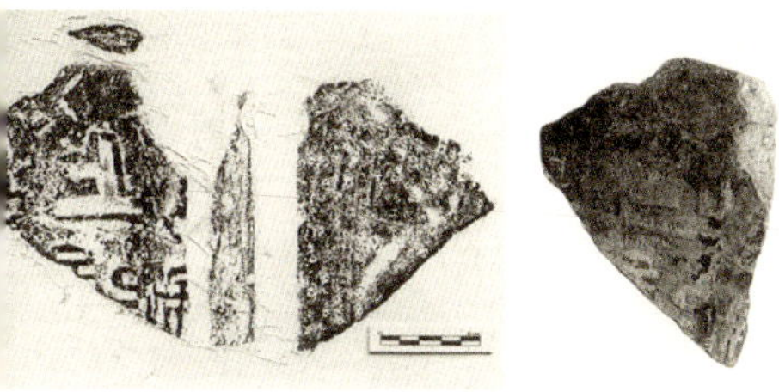 반월산성 '상사'명문와 I –1형식(반월2-탁본 · 사진 5)	 설성산성 V Ab1형식(설성1-탁본 · 사진 52)	

	기와 형식	토기 형식
제5기 (10c 전)	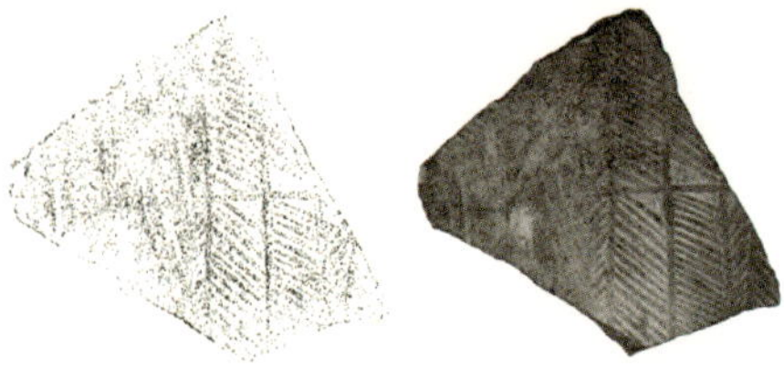 계양산성 V Ca1형식(계양 II –612)  반월산성 V Cb1형식(반월종-탁본 27-1, 사진 36-2)	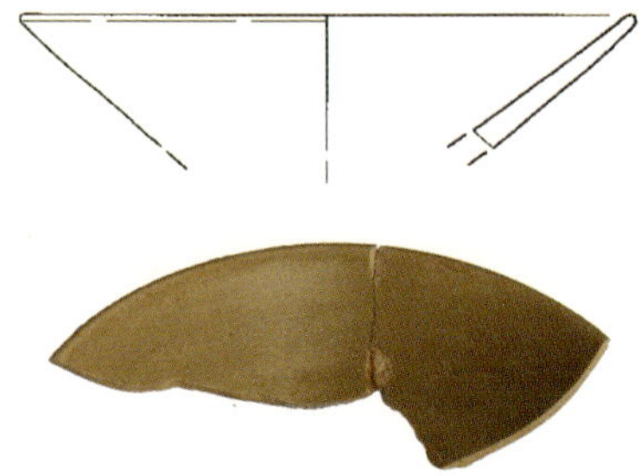 계양산성 청자찻종(계양 II -277) 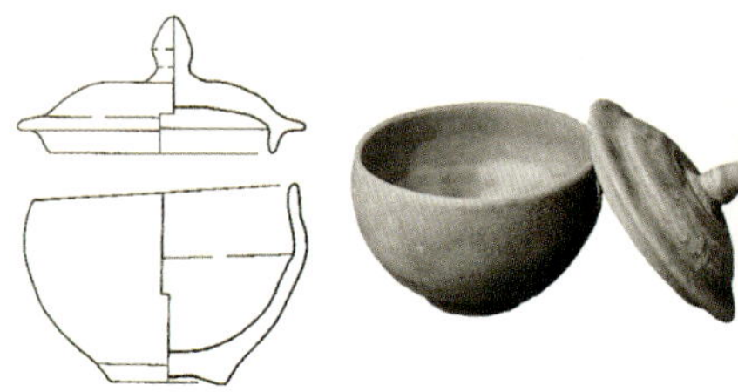 반월산성 청자잔(반월종-도면 62-11, 사진 66-4 · 5)

명문 기와	기타 유적 출토 기와	속성
 반월산성 '상'명문와 IVCb1형식(반월2-탁본 · 사진 6)  계양산성 '주부'명문와 V Cb1형식(계양 II -169)	  설봉산성 V Ca1형식(설봉2-탁본 35, 사진 230)	I 민무늬 II 꼰무늬 III줄무늬 IV격자무늬 V 기타무늬 A 단판 B 중판 C 장판 a 부분두드림 b 전면두드림 1 측면내→ 외분할 2 전면분할 3 두세번조정 4 외→내분할 -1 내면조정

VI. 맺음말

Ⅵ. 맺음말

한강유역에는 한국 고대의 백제 · 고구려 · 신라 삼국이 각기 시기를 달리하면서 패권을 차지하였던 흔적으로서 수많은 관련 유적과 유물이 남아 있다. 특히 산성을 중심으로 한 유적에서는 매우 많은 수량의 신라기와가 출토되고 있는데 이에 대한 전반적인 시기별 편년안이 마련되고 있지 않은 실정이다.

이 글은 이러한 문제의식을 갖고 한강유역이라는 공간축과 6세기 이후 신라가 한강유역으로 진출하여 10세기 전반 멸망하기까지의 시간축을 중심으로 해당시기 신라기와의 편년안을 마련하고자 하는 목적에서 출발하였다.

이에 우선 기와가 활발히 사용된 신라 중고기부터 하대까지의 기와를 토대로 한강유역의 대표적인 유적을 선정하였다. 지표가 될 만한 대표 유적은 서울 독산동 유적, 인천 계양산성 유적, 포천 반월산성 유적이다. 이들 유적은 한강유역에서 출토되는 기와들을 시기구분하는 기준점(서울 독산동 유적)을 제공해 주거나 해당 시기에 걸쳐 고르게 기와가 출토되었다는 특징이 있다. 이들 유적은 필자가 직접 조사에 참여하기도 하였고 실견하였다.

그리고 신라기와의 제작과정상에 나타나는 세부적 속성 중 시간성을 반영하는 대표속성 4가지와 보조속성 2가지를 선정하여 분석하였다. 대표 유적에서 출토된 총 578점의 기와를 대상으로 두드림무늬, 두드림판 크기, 두드림 방법, 측면 분할 방법 등 4가지의 중요속성과 내면 조정, 두께 등을 보조속성으로 하여 속성분석을 진행하였다. 속성분석한 결과, 총 104종의 유형이 이론적으로 형성되었고 이 중 45종의 유효한 형식 분류 결과가 나타났다. 크게는 Ⅰ유형(민무늬계)부터 Ⅱ유형(꼰무늬계), Ⅲ유형(줄무늬계), Ⅳ유형(격자무늬계), Ⅴ유형(기타무늬계)으로 구분하였고 각 유형 내에서 모두 45종의 형식으로 세분하였다.

이후 분석결과로 나타나는 45종의 속성형식들을 순서배열하여 편년작업을 시도하였다. 그 결과 총 5시기의 시기구분안을 설정할 수 있었다.

그리고 기와와 공반되는 유물들(토기, 글자기와)의 비교분석을 통하여 그 시간적 개념을 정리해 보았다. 배열되어 시간축을 형성한 기와들을 해당시기별로 함께 출토되는 유물들과 비교한 것이다. 특히 토기는 기와와 함께 가장 많이 출토되며 시간성을 가장 민감하게 반영하는 유물이다. 따라서 신라토기 중 상대편년의 중요한 자료로 활용되는 굽다리접시와 뚜껑을 대상으로 상대비교하였다.

또한 상당수의 기와에는 글자가 새겨져 있거나 두드림되어 있어 유적의 옛 이름과 절대연대를 추정할 수 있는 단서를 제공한다. 앞서 설정된 기와의 편년안을 다양한 형식의 글자기와들과 대비하여 글자기와의 시기를 재조명하고 설정된 편년안으로 조정하고자 하였다.

더불어 한강유역 내 몇몇 다른 유적에서 출토된 기와들을 대상으로 이 글의 편년안을 적용, 비교하여 검증해 보았다.

이러한 성과를 통하여 비슷한 양상으로 출토되고 있는 다른 유적 신라기와의 편년안 및 속성 제시의 기준을 제시할 수 있을 것으로 판단하였다.

결론적으로, 한강유역 신라기와는 출토되는 토기나 글자기와, 기타 유적 비교를 통해서 총 5시기의 시기구분이 가능하다.

제 1기는 신라가 한강유역에 진출한 6세기 중반 이후 7세기 전반까지로 7개 형식의 기와가 해당된다. 이 시기는 신라가 삼국통일의 기반을 다져나가던 때이다. 따라서 제 2기보다 기와출토량은 적으나 거점을 확보하는 곳을 중심으로 상징적으로 기와를 사용하였던 것으로 판단된다.

제 2기는 7세기 중반부터 7세기 후반으로 총 9개 형식의 기와가 해당된다.

신라는 이 시기, 한강유역을 중심으로 삼국통일을 완성해 나갔고 통일 이후 다양한 제도와 정책을 통해 국가를 운영하는 지배체제의 틀을 구비하는 과정에서 성곽으로 대표되는 관부에 많은 기와를 제작하여 사용한 것으로 판단된다.

제 3기는 8세기 전반부터 후반에 이르기까지인데 총 11개 형식의 기와가 해당된다. 이 시기의 신라는 정치, 사회, 문화 전반에 걸쳐 최고의 전성기에 해당하며 통치조직의 확립과 발전을 바탕으로 문화 전반의 극성기를 이루었다. 이러한 경향은 기와 속성에도 나타나 전반적인 기술의 성숙도와 함께 좀 더 정교한 측면 조정 방식 등도 다양하게 나타난다.

제 4기는 9세기 전반부터 9세기 후반으로 가장 많은 15개 형식의 기와가 해당된다. 이 시기의 신라는 8세기 후반부터 대두된 정치 · 사회적 모순이 심화되고, 9세기 전반에 이르러서 지방 호족들이 등장 및 성장하여, 신라의 중앙집권적 권력이 극도로 쇠약해지는 때이다. 이로 인해 기와는 다양한 형식이 등장하기도 하고 변칙적 속성이 나타나기도 한다.

마지막 5기는 10세기 전반으로 3개 형식의 기와만이 나타나고 있다. 이 시기는 9세기에서 이어져 온 지방세력들이 본격적으로 전국 도처에 할거하여 신라가 지방에 대한 통제권을 이미 상실한 때이다. 한강유역도 궁예의 태봉건국과 함께 역사적으로는 고려라는 새로운 시대를 열어가는 때이기 때문에 기와 역시 이전의 제작적 속성은 거의 사라지고 새로운 형식들이 자리잡아 나갔던 것으로 판단된다.

참고문헌

참고문헌

사료

『三國史記』(1996, 한국정신문화연구원)

『三國遺事』(2002, 을유문화사)

『中國正史朝鮮傳』(1987, 국사편찬위원회)

단행본

국립국어원, 2019, 『표준국어대사전』(디지털).

국립문화재연구소, 1996, 『제와장(製瓦匠)』.

__________, 2010, 『번와장』.

김성구, 1992, 『옛기와』, 대원사.

_____, 2004, 『百濟의 瓦塼藝術』, 주류성.

김성구 · 모리이쿠오(양종현 역), 2009, 『한일의 기와』, 테즈카야마대학출판회.

박순발, 2001, 『漢城百濟의 誕生』, 서경문화사.

_____, 2006, 『백제토기 탐구』, 주류성.

백종오, 2006c, 『고구려 기와의 성립과 왕권』, 주류성출판사.

_____, 2006d, 『고구려 남진정책 연구』, 서경.

박명호, 2016, 『7세기 신라 정치사의 이해』, 경인문화사.

서영일, 1999, 『신라 육상 교통로 연구』, 학연문화사.

선희창, 2010, 『조선풍속사(삼국-고려편)』, 사회과학출판사.

신종원, 2019, 『삼국유사 깊이 읽기』, 주류성.

이기백, 1984, 『韓國史新論』, 일조각.

이기백 · 이기동, 1994, 『韓國史講座 I -古代篇-』, 일조각.

이성준, 2018, 『한성백제의 성장』, 진인진.

이영호, 2014, 『신라 중대의 정치와 권력구조』, 지식산업사.

이호영, 2001, 『新訂 新羅三國統合과 麗濟敗亡原因研究』, 서경문화사.

이훈종, 1992, 『민족생활어 사전』, 한길사.

장기인, 1991, 『蓋瓦』-韓國建築大系 VI-, 보성문화사.

장원섭, 2018, 『신라 삼국통일 연구』, 학연문화사.
______, 2015, 『태봉과 고려-석조미술로 보는 역사-』, 학연문화사.
조원창, 2010, 『한국 고대 와당과 제와술의 교류』, 서경문화사.
조인성, 2007, 『태봉의 궁예정권』, 푸른역사.
최맹식, 1999, 『百濟 평기와 新硏究』, 학연문화사.
______, 2006, 『삼국시대 평기와 연구』, 주류성출판사.
최병현, 1992, 『新羅古墳硏究』, 일지사.
최종택, 2013, 『아차산 보루와 고구려 남진경영』, 서경문화사.
한창균, 1996, 『북한 고고학 미술사 용어집』, 백산자료원.
한혜선, 2019, 『고려 도기 연구』, 역락.
황보경, 2009, 『신라 문화 연구』, 주류성.
______, 2016, 『삼국과 한강』, 주류성.
허선영, 2014, 『중국고대 瓦當연구』, 학연문화사.
황의수, 1989, 『조선기와』, 대원사.

학위논문

강문석, 2017, 「신라 상대의 지방지배와 '城主'」, 한국학중앙연구원 한국학대학원 박사학위논문.
강진주, 2006, 「漢江流域 新羅土器에 대한 考察」, 단국대학교대학원 석사학위논문.
고재용, 2003, 「高麗~朝鮮時代 평기와의 變遷過程 硏究」, 숭실대학교대학원 석사학위논문.
권순진, 2005, 「京畿地域 新羅城郭 硏究」, 관동대학교대학원 석사학위논문.
김경애, 2014, 「百濟 漢城期 瓦의 規格化와 瓦葺樣相」, 충북대학교대학원 석사학위논문.
김기택, 1989, 「新羅瓦當의 文様 硏究-慶州地方 出土品을 中心으로-」, 계명대학교대학원 석사학위논문.
김기민, 2001, 「新羅기와 製作法에 관한 硏究-慶州 勿川里 出土기와를 중심으로-」, 동아대학교대학원 석사학위논문.
김민식, 2019, 「新羅 寶相華文 수막새의 變遷」, 영남대학교대학원 석사학위논문.
김병주, 2016, 「조선시대 기와요(窯)의 전승 연구」, 명지대학교산업대학원 석사학위논문.
김병희, 2001, 「安城 奉業寺址 出土 高麗前期 銘文기와 硏究」, 단국대학교대학원 석사학위논문.
김 영, 2010, 「경기지역 산성의 백제초축설 재고」, 고려대학교대학원 석사학위논문.
김유식, 1994, 「韓國 古代 鴟尾 彫刻의 考察」, 경희대학교대학원 석사학위논문.
______, 2010, 「新羅 瓦當 硏究」, 동국대학교대학원 박사학위논문.
김인희, 2002, 「百濟 漢城期의 기와」, 숙명여자대학교대학원 석사학위논문.

김성진, 2005, 「조선전기 경남지역 瓦窯 및 평기와의 전개양상」, 동아대학교대학원 석사학위논문.
김태근, 2003, 「驪州 元香寺址 出土 막새瓦의 硏究」, 동국대학교대학원 석사학위논문.
김지연, 2010, 「부산 · 경남지역 고려시대 평기와 연구」, 동아대학교대학원 석사학위논문.
김지영, 2015, 「경주지역 신라 평기와 유통체계의 변화」, 계명대학교대학원 석사학위논문.
김진영, 2007, 「한강유역 신라고분 연구-서울, 경기지역을 중심으로-」, 단국대학교대학원 석사학위논문.
김진웅, 2006, 「洪城 石城山城 出土 평기와의 特性 檢討」, 상명대학교대학원 석사학위논문.
김하진, 2019, 「조선후기 번와소(燔瓦所)의 기와 생산체계와 제작기술」, 한국전통문화대학교대학원 석사학위논문.
김호준, 2002, 「抱川 半月山城의 時代別 活用 硏究-三國 및 統一新羅時代를 中心으로-」, 단국대학교대학원 석사학위논문.
노병식, 2014, 「新羅 國原小京과 西原小京의 防禦施設 變遷」, 충북대학교대학원 박사학위논문.
노수민, 2012, 「新羅 蓮花文수막새 製作技術의 確立과 展開 慶州地域을 中心으로-」, 영남대학교대학원 석사학위논문.
노윤상, 2005, 「新羅時代 蓮花文수막새 硏究-慶州地域 寺址發掘出土品을 中心으로-」, 동국대학교대학원 석사학위논문.
류양규, 2002, 「朝鮮 後期 宮闕 기와 硏究-龍文과 鳳凰文 막새를 중심으로- 」, 동국대학교대학원 석사학위논문.
류환성, 2007, 「羅末麗初 慶州 出土 寺刹銘 平기와 硏究」, 경주대학교대학원 석사학위논문.
박다정, 2019, 「신라 고분 출토 기와 연구」, 동아대학교대학원 석사학위논문.
박동호, 2011, 「羅末麗初期 강원지방의 평기와 연구」, 관동대학교대학원 석사학위논문.
박성진, 2012, 「개성 고려궁성 출토 평기와 연구」, 동아대학교대학원 석사학위논문.
박성현, 2001, 「新羅 '郡縣城'과 그 성격-6~8세기 漢州를 중심으로-」, 서울대학교대학원 석사학위논문.
_____, 2010, 「新羅의 據點城 축조와 지방 제도의 정비 과정」, 서울대학교대학원 박사학위논문.
박순발, 1989, 「漢江流域 百濟土器의 變遷과 夢村土城의 性格에 대한 一考察」, 서울대학교대학원 석사학위논문.
박은선, 2015, 「익산지역 백제유적의 평기와 연구」, 충남대학교대학원 석사학위논문.
박은진, 2004, 「芬皇寺 출토 수막새에 관한 硏究-문양과 제작방법을 중심으로-」, 동아대학교대학원 석사학위논문.
박재현, 2011, 「서산 보원사지 출토 고려말~조선초기 막새기와의 문양 연구」, 한서대학교대학원 석사학위논문.
박정재, 2010, 「경주지역 신라수막새 편년에 대한 연구」, 동아대학교대학원 석사학위논문.
박종진, 2011, 「충청지역의 고려시대 평기와 연구」, 한남대학교대학원 석사학위논문.
박홍국, 1986, 「三國末~統一初期 新羅瓦塼에 대한 一考察」, 동국대학교대학원 석시학위논문.
백종오, 2001, 「京畿北部地域 城廓 出土 高句麗 평기와 硏究」, 단국대학교 대학원 석사학위논문.
_____, 2005c, 「高句麗 기와 硏究」, 단국대학교대학원 박사학위논문.

서봉수, 1999, 「抱川 半月山城 기와의 屬性分析과 製作時期」, 단국대학교대학원 석사학위논문.
서승호, 2017, 「파주 덕진산성의 축성법과 점유세력의 변화」, 용인대학교대학원 석사학위논문.
서오선, 1985, 「韓國平瓦文樣의 時代的 變遷에 對한 硏究」, 충남대학교대학원 석사학위논문.
선봉조, 2017, 「7세기 濟 · 麗同盟 硏究」, 한국학중앙연구원 한국학대학원 박사학위논문.
손세영, 2016, 「조선시대 궁궐 잡상에 관한 연구」, 동국대학교대학원 석사학위논문.
손우철, 2015, 「조선시대 왕실기와의 연구」, 동아대학교대학원 석사학위논문.
신창수, 1986, 「황룡사지 출토 신라기와의 편년」, 단국대학교대학원 석사학위논문.
심광주, 2005, 「南韓地域 高句麗 城郭硏究」, 상명대학교대학원 박사학위논문.
유가은, 2014, 「경복궁 출토 청기와 연구」, 서울여자대학교대학원 석사학위논문.
윤근일, 1977, 「統一新羅時代 瓦當의 製作技法에 關한 硏究-雁鴨池出土遺物을 中心으로-」, 단국대학교대학원 석사학위논문.
윤나영, 2011, 「高麗와 朝鮮의 마루장식기와 硏究」, 홍익대학교대학원 석사학위논문.
윤성호, 2017, 「新羅의 漢江流域 領域化 過程 硏究」, 고려대학교대학원 박사학위논문.
윤여훈, 2016, 「楊洲 檜巖寺址 出土 朝鮮時代 瓦當 硏究」, 동국대학교대학원 석사학위논문.
윤용희, 2001, 「南漢江地域 出土 高麗前期 평기와 考察-驪州 元香寺址 출토기와의 分析을 中心으로-」, 성균관대학교대학원 석사학위논문.
이동주, 2007, 「기와로 본 신라 王京의 변천 연구」, 동국대학교대학원 석사학위논문.
이동준, 2004, 「남양주 와요지 출토 조선시대 평기와 연구」, 단국대학교대학원 석사학위논문.
이상규, 2013, 「고려~조선시대 梵字文 瓦當 연구」, 단국대학교대학원 석사학위논문.
이상현, 2017, 「漢州 新羅城의 考古學的 特徵」, 한양대학교대학원 석사학위논문.
이선희, 2006, 「月城垓子 出土 수막새의 製作技法과 編年 硏究」, 동아대학교대학원 석사학위논문.
이수경, 2011, 「영산강유역 고려시대 평기와 연구」, 목포대학교대학원 석사학위논문.
이인숙, 2004, 「統一新羅~朝鮮前期 평기와 製作技法의 變遷」, 경북대학교대학원 석사학위논문.
이자연, 2018, 「新羅 地方 據點地域 樣相의 考古學的 硏究-龍仁地域(駒城縣-巨黍縣)의 文化史的 硏究 活用을 中心으로-」, 한신대학교대학원 석사학위논문.
이재명, 2016, 「경남지역 삼국~고려시대 평기와 연구」, 경상대학교대학원 석사학위논문.
이주업, 2008, 「漢城期 百濟 평기와 製作技法에 관한 硏究-石村洞 4號墳 出土 평기와를 중심으로-」, 서울대학교대학원 석사학위논문.
이진호, 2020, 「하남 권왕사지 막새기와의 성격과 변천」, 한신대학교대학원 석사학위논문.
이호경, 2007, 「고려시대 막새기와의 제작기법 연구-중부지역 출토유물을 중심으로-」, 단국대학교대학원 석사학위논문.
이호영, 1985, 「新羅의 三國統合過程 硏究」, 경희대학교대학원 박사학위논문.
이현주, 2016, 「麗末鮮初 宮闕막새기와의 變化와 그 背景 硏究」, 용인대학교대학원 석사학위논문.
이혜빈, 2018, 「중서부지역 신라 연화문수막새 연구」, 단국대학교대학원 석사학위논문.

정승복, 2019, 「統一新羅 수막새의 編年과 需給」, 경북대학교대학원 석사학위논문.
장영기, 2004, 「조선시대 궁궐 장식기와 잡상의 기원과 의미」, 국민대학교대학원 석사학위논문.
정원주, 2012, 「高句麗 滅亡 研究」, 한국학중앙연구원 한국학대학원 박사학위논문.
정원혁, 2016, 「경주지역 신라 평기와의 변천 연구」, 동아대학교대학원 석사학위논문.
정지연, 2011, 「古新羅 高句麗系 蓮花文수막새 研究」, 영남대학교대학원 석사학위논문.
정치영, 2006, 「漢城期 百濟 기와에 대한 연구」, 한신대학교대학원 석사학위논문.
정향숙, 1996, 「한국평와문양의 시대적 변천에 관한 연구」, 조선대학교대학원 석사학위논문.
조성모, 1995, 「한국 전통기와 제조공정에 관한 연구 : 무형문화재 제91호 제와장 한형준옹의 제작과정을 중심으로」, 원광대학교대학원 석사학위논문.
조성윤, 2000, 「慶州 出土 新羅 평기와의 編年 試案」, 경주대학교대학원 석사학위논문.
_____, 2013, 「新羅 東宮創建瓦塼 研究」, 경주대학교대학원 박사학위논문.
차인국, 2012, 「全北地域 統一新羅~高麗時代 평기와 研究」, 전북대학교대학원 석사학위논문.
최견미, 2015, 「나말여초 도기와 자기의 생산체계 전이 연구」, 경북대학교대학원 석사학위논문.
최문환, 2005, 「파주 혜음원지 출토 막새기와 연구」, 단국대학교대학원 석사학위논문.
최맹식, 2003, 「三國時代 평기와에 관한 研究」, 단국대학교대학원 박사학위논문.
최여진, 2007, 「古新羅 蓮花文 瓦當의 形式과 系統」, 공주대학교대학원 석사학위논문.
최영희, 2003, 「江原地方 高麗時代 평기와에 관한 研究」, 단국대학교대학원 석사학위논문.
최은영, 2010, 「百濟 熊津時代 蓮花文 瓦當에 대한 一考察」, 공주대학교대학원 석사학위논문.
최정혜, 1996, 「高麗時代 평기와의 編年研究-文樣形態를 中心으로-」, 경성대학교대학원 석사학위논문.
최진호, 2011, 「渤海 수막새 기와의 特徵과 性格 研究」, 단국대학교대학원 석사학위논문.
최태선, 1993, 「平瓦製作法의 變遷에 대한 研究」, 경북대학교대학원 석사학위논문.
하근영, 2018, 「신라 단판능선연화문수막새 연구」, 부산대학교대학원 석사학위논문.
허미형, 1989, 「統一新羅期 平瓦에 대한 研究」, 한양대학교대학원 석사학위논문.
홍보식, 2001, 「6~7世紀代 新羅古墳 研究」, 부산대학교대학원 박사학위논문.

논문

강만길, 1967, 「別瓦窯考-朝鮮時代의 製瓦業發展-」, 『史學志』1, 단국사학회.
강진주, 2007, 「부가구연대부장경호를 통해 본 신라의 한강유역 진출」, 『경기도의 고고학』, 주류성.
_____, 2009, 「6~7세기 新羅土器를 통해 본 漢江流域의 新羅化 過程」, 『정치적 공간으로서의 한강』II, 서울경기고고학회.
강현숙, 2007, 「고구려 고분 출토 와당의 변천 연구」, 『한국고고학보』64, 한국고고학회.
고정용, 2012, 「檀國大學校石宙善紀念博物館所藏の高麗梵字瓦」, 『문화사학』38, 한국문화사학회.

권순진, 2007, 「경기지역 新羅 '北進期城郭'에 관한 고찰」, 『신라사학보』9, 신라사학회.
권오영, 2001, 「백제 전기 기와에 대한 신지견-화성 화산 고분군 채집 기와를 중심으로-」, 『百濟研究』33, 충남대학교 백제연구소.
______, 2003, 「漢城期 百濟기와의 製作傳統과 發展의 劃期」, 『百濟研究』38, 충남대학교 백제연구소.
______, 2005, 「漢城期 百濟기와 研究의 現況과 課題」, 『韓國 기와 研究의 回顧와 展望』, 한국기와학회.
______, 2011, 「漢城百濟의 時間的 上限과 下限」, 『百濟研究』53, 충남대학교 백제연구소.
김기민, 2008, 「경남지방 고려기와 성립기의 양상과 그 특징」, 『문물연구』14, 동아문화재단.
김선기, 2010, 「미륵사지 출토 백제시대 암막새 연구」, 『고문화』76, 한국대학박물관협회.
김성구, 2000, 「新羅기와의 成立과 그 變遷」, 『新羅瓦塼』, 국립경주박물관.
2010, 「雁鴨池 出土 古式瓦當의 形式的 考察」, 『美術資料』29, 국립중앙박물관.
김유식, 2000, 「7~8세기 신라기와의 수급」, 『기와를 통해 본 고대 동아시아 삼국의 대외교섭』, 국립경주박물관.
______, 2001, 「蔚州郡 立岩里 蓮花文圓瓦當에 대한 小考」, 『佛教考古學』1, 위덕대학교 박물관.
______, 2002, 「統一新羅 綠釉瓦의 檢討」, 『東岳美術史學』3, 동악미술사학회.
______, 2003, 「선원사지 출토 고려후기 기와의 검토」, 『불교미술』17, 동국대학교 박물관.
______, 2005, 「황룡사지 출토 신라기와의 연구성과와 과제」, 『기와를 통해 본 '미륵사와 황룡사'』, 한국기와학회.
______, 2006, 「6-8세기 新羅기와 研究 檢討」, 『東岳美術史學』7, 동악미술사학회.
______, 2007, 「百濟系 新羅 古式 蓮花文수막새에 대하여」, 『新羅學研究』11.
______, 2009, 「5~6세기 연화문수막새를 통해 본 신라와 주변제국의 교류」, 『東岳美術史學』10, 동악미술사학회.
______, 2010, 「百濟 瓦塼文化의 對外交渉」, 『百濟瓦塼과 古代 東Asia의 文物交流』, 한국기와학회.
김지영, 2011, 「경주지역 삼국~통일신라시대 막새기와의 유통」, 『영남문화재연구』24, 영남문화재연구원.
김창호, 1999, 「익산 미륵사 경진명 기와로 본 고신라기와의 원향」, 『한국학연구』10, 인하대학교 한국학연구소.
김희찬, 2005, 「고구려 연화문와당에 반영된 연화의 형태적 특성」, 『고구려와당』, 경희대학교 중앙박물관.
______, 2006, 「고구려 와당의 채색과 태토 색조 검토」, 『白山學報』74, 백산학회.
______, 2010a, 「발해 연화문 와당의 고구려 계승성 검토」, 『高句麗渤海研究』36, 고구려발해학회.
______, 2010b, 「발해 인동문계 와당의 계통과 고구려 연관성 검토」, 『東아시아古代學』21, 東아시아古代學會.
______, 2010c, 「발해 연화문 와당의 문양 변화와 시기적 변천」, 『白山學報』87, 백산학회.
______, 2016, 「고구려와당에 표현된 선각형 연화문에 대하여」, 『東아시아古代學』41, 東아시아古代學會.
남호현, 2012, 「관북리 출토 와당의 조와배경 검토를 위한 예비작업」, 『백제 사비기 기와 연구』IV, 국립부여문화재연구소.

류환성, 2010, 「경주 출토 나말려초 사찰명 평기와의 변천과정」, 『신라사학보』19, 신라사학회.
______, 2013, 「'의봉 4년 개토 '명문 기와로 본 통일신라기와의 획기와 의의」, 『경주의 사람과 문화』Ⅰ, 경주문화원.
______, 2016, 「경주 출토 통일신라시대 사찰명 기와의 검토」, 『신라학연구』19, 위덕대학교 신라문화산업센터
문옥현, 2011, 「백제 왕흥사 기와의 공급 양상」, 『백제 사비기 기와 연구』Ⅲ, 국립부여문화재연구소.
2012, 「百濟 泗沘期 기와 生産施設과 生産體制」, 『文化史學』38, 한국문화사학회.
박용전, 1970, 「공주출토 백제와당에 대한 연구」, 『백제연구』1, 충남대학교 백제연구소.
1976, 「百濟瓦當의 體系的 分類」, 『百濟文化』9, 공주교육대학.
박원지, 2011, 「왕흥사 출토 수막새의 제작기술과 계통」, 『백제 사비기 기와 연구 』Ⅲ, 국립부여문화재연구소.
2012, 「百濟 泗沘期 기와의 需給體系-同笵수막새를 중심으로-」, 『백제 사비기 기와 연구』Ⅳ, 국립부여문화재연구소.
박은경, 1989, 「高麗瓦當文樣의 編年硏究」, 『考古歷史學志』4, 동아대학교 박물관.
박홍국, 1988, 「月城郡 內南面 望星里 瓦窯址와 出土瓦塼에 대한 考察」, 『嶺南考古學』5, 영남고고학회.
______, 1998, 「慶州 羅原里 五層石塔과 南山 七佛庵磨崖佛의 造成時期-최근 수습한 銘文瓦片을 중심으로-」, 『科技考古硏究』4, 아주대학교 박물관.
______, 2002, 「瓦塼資料를 통한 靈廟寺址와 興輪寺址의 位置 比定」, 『新羅文化』20, 동국대학교 신라문화연구소.
______, 2003, 「三國史記 屋舍條의 '唐瓦'란 무엇인가?」, 『佛敎考古學』3, 위덕대학교 박물관.
박헌민, 2011, 「慶州地域 古新羅~統一新羅時代 瓦연구-瓦窯의 構造와 出土 瓦의 流通을 中心으로-」, 『한국기와학회 학술대회 발표자료집』8, 한국기와학회.
______, 2012, 「新羅瓦의 생산과 유통방식의 변화」, 『영남고고학』63, 영남고고학회.
백종오, 2003, 「高句麗와 新羅기와 比較 硏究」, 『白山學報』67, 백산학회.
______, 2004, 「臨津江 流域 高句麗 평기와 硏究」, 『文化史學』21, 한국문화사학회.
______, 2005a, 「南韓地域 高句麗 기와 製作方法 考察」, 『백산학보』72, 백산학회.
______, 2005b, 「포천 자작리유적 출토 백제 한성기 기와 검토」, 『사학지』37, 단국사학회.
______, 2006a, 「高句麗 國內城期 평기와 考察」, 『文化史學』24, 한국문화사학회.
______, 2006b, 「高句麗 기와의 發生과 形成 背景」, 『先史와 古代』24, 한국고대학회.
______, 2009, 「高句麗 卷雲文 瓦當의 成立과 그 背景」, 『白山學報』83, 백산학회.
______, 2010, 「百濟 및 韓國古代瓦當의 比較硏究」, 『百濟瓦塼과 古代 東Asia의 文物交流』, 한국기와학회.
______, 2011, 「韓國古代瓦當의 毁棄樣相 檢討」, 『韓國史學報』43, 고려사학회.
______, 2012, 「高句麗 瓦當의 毁棄와 그 象徵的 意味」, 『韓國古代史硏究』66, 한국고대사학회.
______, 2013, 「고구려 성곽 출토 문자기와: 집안지역을 중심으로」, 『한국기와학회 학술대회 발표자료집』10, 한국기와학회.
______, 2015, 「渤海 기와 硏究의 推移와 몇 가지 斷想」, 『고구려발해연구』52, 고구려발해학회.

백종오 · 한준영, 2000, 「果川 文原洞遺蹟 出土 百濟土器 · 기와類에 대하여」, 『京畿道博物館年報』4, 경기도박물관.

서봉수, 2002a, 「경기지역 산성출토 신라기와 연구」, 『경기사학』6, 경기사학회.

_____, 2002b, 「평기와 내림면의 속성과 시대적 특성」, 『박물관지』11, 충청대박물관.

_____, 2014, 「서울 금천 독산동 유적 출토 신라기와 분석」, 『동아세아 역사문화논총』, 서경문화사.

서영일, 1996, 「抱川 半月山城 出土 <馬忽受解空口單>銘 기와의 考察」, 『史學志』29, 단국사학회.

_____, 1997, 「抱川地域 山城의 配置와 營屬關係」, 『文化史學』6 · 7, 한국문화사학회.

_____, 2005, 「漢城百濟時代 石築山城의 築造 背景 硏究」, 『文化史學』23, 한국문화사학회.

_____, 2010, 「산성 분포로 본 신라의 한강유역 방어체계」, 『고고학』9-1, 중부고고학회.

서창호, 2010, 「고려말 조선시대 암막새의 변천과정」, 『고고학』9-1, 중부고고학회.

소재윤, 2006, 「熊津 · 泗沘期 百濟 수막새에 대한 編年 硏究-금강유역을 중심으로-」, 『湖南考古學報』23, 호남고고학회.

_____, 2010, 「백제 수막새 제작기법과 生産體制의 變化-풍납토성의 출토품을 중심으로-」, 『百濟學報』4, 백제학회.

_____, 2012, 「4~5세기 풍납토성의 도성 경관」, 『백제학보』8, 백제학회.

_____, 2013, 「풍납토성 평기와의 제작공정에 따른 제작기법 특징과 변화」, 『야외고고학』18, 한국문화재조사연구기관협회.

송미진, 2004, 「順天 劍丹山城 출토 백제기와에 대한 고찰」, 『文化史學』21, 한국문화사학회.

신영훈, 1969, 「『三國史記』에 보이는 '屋舍'條와 민가」, 『史學志』3, 단국사학회.

신창수, 1987, 「三國時代 新羅기와의 硏究-皇龍寺址出土 新羅기와를 중심으로」, 『문화재』20, 문화재관리국 문화재연구소.

_____, 2007, 「장락사지 출토 암막새 검토」, 『충북의 기와』, 한국기와학회.

_____, 2014, 「황룡사지 출토 고식수막새의 특징과 편년에 대한 소견」, 『황룡사지 출토 신라 고식수막새 연구현황과 검토』, 국립경주문화재연구소.

심광주, 2004a, 「漢城時期의 百濟山城」, 『고고학』3-1, 서울경기고고학회.

_____, 2004b, 「한강유역 출토 고구려 기와에 대한 연구」, 『한국 기와 연구의 회고와 전망』, 한국기와학회.

_____, 2005, 「南韓地域 出土 高句麗 기와에 대한 硏究」, 『한국기와학회 학술논집』1, 한국기와학회.

_____, 2008, 「남한산성 출토 銘文瓦에 대한 일고찰」, 『목간과 문자』1, 한국목간학회.

_____, 2009, 「고구려, 백제 평와의 제작기법 비교」, 『백제학보』2, 백제학회.

_____, 2019, 「용인 할미산성의 축성법과 역사적 의미」, 『용인 할미산성-문화재적 가치와 위상-』, 용인시.

양종현, 2011, 「평양출토 고구려수막새의 사용처 검토-테즈카야마대학박물관 소장품을 중심으로-」, 『기와의 생산과 유통』, 한국기와학회.

_____, 2012a, 「신라기와의 지방확산에 대한 검토」, 『文化財』57, 국립문화재연구소.

_____, 2012b, 「경주지역 신라시대 귀면문 마루끝장식기와 고찰」, 『선사와 고대』37, 한국고대학회.

_____, 2013, 「황룡사지 출토 신라 고식수막새의 문양과 제작기법 고찰」, 『유물로 본 신라 황룡사』, 국립경주문화재연구소.

엄기표, 2014, 「高麗~朝鮮時代 梵字銘 기와의 제작과 미술사적 의의」, 『역사와 담론』71, 호서사학회.

윤근일, 1990, 「왕궁리유적 출토 막새의 편년에 관한 고찰」, 『청산김정기박사華甲기념논총』.

윤용희, 2010, 「泗沘時期 瓦塼文化의 展開와 變遷過程」, 『百濟瓦塼과 古代 東Asia의 文物交流』, 한국기와학회.

이다운, 2004, 「百濟瓦博士考」, 『호남고고학보』20, 호남고고학회.

이도학, 1997, 「抱川 半月山城 出土 '고구려' 기와 銘文의 再檢討」, 『高句麗研究』3, 고구려연구회.

이난영, 2005, 「미륵사지 출토 통일신라기와」, 『기와를 통해 본 '미륵사와 황룡사'』, 한국기와학회.

이남석, 1988, 「百濟 蓮花文瓦當의 一研究-公山城王宮址出土品을 中心으로-」, 『古文化』32, 한국대학박물관협회.

이병호, 2008, 「扶餘 陵山里寺址 出土 瓦當의 再檢討」, 『한국고대사연구』51, 한국고대사학회.

이선희, 2006, 「수막새의 동범와(同范瓦)에 대한 검토」, 『文化財』39, 국립문화재연구소.

_____, 2009, 「月城垓子 出土 古式 수막새의 制作技法과 編年 研究」, 『한국고고학보』70, 한국고고학회.

이인숙, 2004, 「통일신라~조선전기 평기와 제작기법의 변천」, 『한국고고학보』54, 한국고고학회.

_____, 2006, 「고려시대 평기와 제작기법의 변천」, 『고고학』6-1, 서울경기고고학회.

_____, 2011, 「高麗와 朝鮮時代 龍 · 鳳凰文 막새의 變遷」, 『경북대학교 고고인류학과 30주년기념 고고학 논집』, 경북대학교 출판부.

_____, 2012, 「경주지역 출토 통일신라시대 수막새 편년」, 『한국고고학보』85, 한국고고학회.

_____, 2012, 「경복궁 출토 청기와의 제작시기 및 사용건물 검토」, 『고고학』11, 중부고고학회.

_____, 2014, 「신라기와」, 『신라고고학개론』하, 중앙문화재연구원.

이인숙 · 최태선, 2011, 「평기와 用語 檢討」, 『韓國考古學報』80, 한국고고학회.

이재명, 2010, 「서부경남지역 출토 고려시대 평기와 제작기법 검토」, 『경남연구』3, 경남발전연구원 역사문화센터.

이호영, 1984, 「高句麗 · 新羅의 漢江流域 進出 問題」, 『史學志』18, 단국사학회.

임효재 · 윤상덕, 2002, 「峨嵯山城의 築造年代에 대하여」, 『청계사학』16 · 17, 청계사학회.

장경호 · 최맹식, 1986, 「彌勒寺址出土 기와 등文様에 對한 調査研究」, 『文化財』19, 문화재관리국.

전영준, 2014, 「조선 전기 別瓦窯의 설치와 財政 運營」, 『장서각』31, 한국학중앙연구원.

정성권, 2003, 「惠陰院址 出土 막새기와에 대한 考察」, 『文化史學』19, 한국문화사학회.

정지연, 2012, 「경주지역 출토 백제계 신라 수막새에 대한 일고찰」, 『백제 사비기 기와 연구』IV, 국립부여문화재연구소.

정치영, 2006, 「고려~조선 전기 기와의 조달 양상」, 『고고학』5-2, 중부고고학회.

_____, 2007, 「漢城期 百濟 기와 제작기술의 전개양상-풍납토성 경당지구 출토 기와를 중심으로-」, 『한국고고학보』63, 한국고고학회.

______, 2009, 「百濟 漢城期 瓦當의 形成과 系統」, 『韓國上古史學報』64, 한국상고사학회.
______, 2010, 「百濟 漢城의 瓦當과 瓦葺景觀」, 『中國 南北朝 建築文化와 百濟』, 호서고고학회.
______, 2011, 「百濟 · 高句麗와 魏晉南北朝 製瓦術의 比較研究」, 『중앙고고연구』8, 중앙문화재연구원.
______, 2012, 「百濟 泗沘期 製瓦術의 系統적 배경」, 『백제 사비기 기와 연구』IV, 국립부여문화재연구소.
조성윤, 2001, 「古新羅 有段式기와에 대하여」, 『古文化』57, 한국대학박물관협회.
______, 2002, 「慶州 出土 中板 打捺文樣 평기와의 製作時期와 그 意味」, 『佛教考古學』2, 위덕대학교 박물관.
______, 2003, 「新羅 長板 打捺文樣 평기와의 慶州 製作與否에 대하여」, 『梨花史學研究』30, 이화사학연구소.
______, 2005, 「慶州 皇龍寺址 出土 統一新羅 瓦의 研究課題」, 『한국기와학회 학술대회 발표자료집』2, 한국기와학회.
______, 2006a, 「新羅瓦로 본 雁鴨池 築造에 대하여」, 『佛教考古學』6, 위덕대학교 박물관.
______, 2006b, 「慶州 皇龍寺址 출토 수막새瓦의 研究課題」, 『기와를 통해 본 '미륵사와 황룡사'』, 한국기와학회.
______, 2006c, 「新羅 古式 蓮花文수막새의 製作時期에 대하여」, 『역사와 세계』30, 효원사학회.
______, 2008, 「이른바 高句麗系 新羅 古式 蓮花文 수막새에 대하여」, 『科技考古研究』14, 아주대학교 박물관.
______, 2013, 「慶州 雁鴨池 中心遺物 創建瓦 研究」, 『야외고고학』16, 한국문화재조사연구기관협회.
______, 2015, 「울산 반구동유적 신라기와의 의미」, 『기와가 알려주는 울산 역사』, 울산대곡박물관.
______, 2017, 「신라 문무왕대 왕궁 所用 瓦의 의미」, 『신라문화연구』창간호, 신라문화유산연구원.
______, 2019, 「신라 습부명 명문와(銘文瓦)의 의미」, 『신라문화연구』3, 신라문화유산연구원.
조원창, 2000, 「웅진천도후 백제와당의 변천과 비조사 창건와에 대한 검토」, 『영남고고학』27, 영남고고학회.
______, 2001, 「熊津遷都後 百濟瓦當의 中國南北朝要素 檢討-北朝系 瓦當을 中心으로-」, 『百濟文化』30, 공주대학교 백제문화연구소.
______, 2005, 「百濟 瓦博士의 對新羅 · 倭 派遣과 製瓦術의 傳播」, 『한국상고사학보』48, 한국상고사학회.
______, 2006a, 「皇龍寺 重建期 瓦當으로 본 新羅의 對南朝 交涉」, 『한국상고사학보』52, 한국상고사학회.
______, 2006b, 「新羅 瓦積基壇의 型式과 編年」, 『新羅文化』28, 동국대학교 신라문화연구소.
______, 2008a, 「몽촌토성 출토 전 백제와당의 제작주체 검토」, 『先史와 古代』29, 한국고대학회.
______, 2008b, 「熊津~泗沘期 瓦當으로 본 高句麗 製瓦術의 百濟 傳播」, 『白山學報』81, 백산학회.
______, 2009, 「백제 판단첨형식 연화문의 형식과 편년」, 『文化財』42-3, 국립문화재연구소.
______, 2012, 「황룡사지 출토 대형 치미의 편년과 사용처 검토」, 『선사와 고대』36, 한국고대학회.
______, 2013, 「고려시기 잡상연구」, 『지방사와 지방문화』, 역사문화학회.
조유전, 1980, 「皇龍寺址 出土 特殊瓦 · 塼」, 『韓國文化』2권 11호.
주홍규, 2014, 「고구려 기와의 분류와 특징에 관한 일고찰」, 『先史와 古代』41, 한국고대학회.
차순철, 2002, 「「官」字銘 銘文瓦의 使用處 檢討」, 『慶州文化研究』5, 경주대학교 경주문화연구소.

______, 2007, 「경주지역 평기와의 타날형태 변화에 대한 검토-단판 · 중판 · 인장 그리고 장판으로-」, 『문화재』40, 국립문화재연구소.

______, 2007, 「경주지역 사원출토 평와의 수급관계 고찰-전용와 · 공용와 · 교류와를 중심으로-」, 『불교미술사학』5, 불교미술사학회.

______, 2015, 「울산 출토 기와의 현황과 특징」, 『기와가 알려주는 울산역사』, 울산대곡박물관.

______, 2020, 「통일신라시대 경주지역 장판타날기와의 출현시기 검토」, 『문물연구』37, 동아문화재단.

최맹식, 1989, 「彌勒寺址 기와가마터 調査」, 『용암 차문섭교수 화갑기념 사학논총』, 단국사학회.

______, 1995, 「百濟 평기와 製作技法 硏究」, 『백제연구』25, 충남대학교 백제문화연구소.

______, 2001a, 「百濟 및 統一新羅 기와 文樣과 製作技法에 관한 硏究」, 『湖南考古學報』13, 호남고고학회.

______, 2001b, 「風納土城 出土遺物의 性格-기와를 중심으로-」, 『風納土城의 發掘과 그 成果』, 한밭대학교 향토문화연구소.

______, 2001c, 「고구려 기와의 특성」, 『高句麗硏究』12, 고구려연구회.

______, 2002, 「통일신라 평기와 연구」, 『湖西考古學』6 · 7, 호서고고학회.

______, 2002, 「皇龍寺址 廻廊外廓 出土 평기와 調査硏究」, 『文化史學』17, 한국문화사학회.

______, 2004, 「三國 암막새의 始原에 관한 小考」, 『文化史學』21, 한국문화사학회.

______, 2008, 「百濟와 新羅기와에 보이는 高句麗的 要素」, 『한국기와학회 학술대회 발표자료집』5, 한국기와학회.

______, 2010, 「漢城時期 百濟기와의 成立과 系統」, 『百濟瓦塼과 古代 東Asia의 文物交流』, 한국기와학회.

최문환, 2011, 「조선시대 기와 유통 연구-가마의 위치와 운송을 중심으로-」, 『사학지』42, 단국사학회.

최영희, 2009, 「新羅における平瓦 · 丸瓦製作技術の展開」, 『東アジア瓦硏究』1, 東アジア瓦硏究會.

______, 2010, 「新羅 古式수막새의 製作技法과 系統」, 『韓國上古史學報』70, 한국상고사학회.

______, 2014, 「新羅 造瓦用 打捺具에 대한 再檢討」, 『江原考古硏究』, 고려출판사.

______, 2014, 「統一新羅式기와의 成立과 造瓦體制의 變化」, 『嶺南考古學』70, 영남고고학회.

최인선, 1998, 「順天 金芚寺址 出土 기와와 土器」, 『문화사학』9, 한국문화사학회.

______, 2010, 「熊津時期 百濟기와의 特徵과 成立過程」, 『百濟瓦塼과 古代 東Asia의 文物交流』, 한국기와학회.

최정혜, 1993, 「高麗時代 수막새에 대한 檢討-半球形 子房을 갖는 수막새를 중심으로-」, 『박물관 연구논집』2, 부산광역시립박물관.

최태선, 2019, 「물질자료의 편년(기와)」, 『통일신라 고고학개론』, 중앙문화재연구원.

한혜선, 2011, 「고려시대 陶器扁甁의 시기구분과 특징」, 『충북문화재연구』5, 충청북도문화재연구원.

______, 2017, 「羅末麗初 陶器扁球甁의 연원과 자기로의 번안」, 『한국중세고고학』 창간호, 한국중세고고학회.

허미형, 2006, 「경기지역의 新羅系 평기와 小考」, 『畿甸考古』5, 기전문화재연구원.

발표문

고려문화재연구원, 2018.11.30, 『龍馬에 내린 高句麗』.

권오영, 2009.05.16, 「정치적 공간으로서의 한강유역-원삼국~백제를 중심으로-」, 『정치적 공간으로서의 한강 I』, 서울경기고고학회.

박순발, 2017.11.09, 「백제 한성기 도성의 동아시아 도성사적 의의」, 『風納土城』, 국립강화문화재연구소.

서영일, 2009.10.23, 「산성 분포로 본 신라의 한강 유역 방어체계」, 『정치적 공간으로서의 한강 II』, 서울경기고고학회.

소재윤, 2017.11.09, 「기와건물을 통해 본 풍납토성」, 『風納土城』, 국립강화문화재연구소.

신종국 · 전동현, 2009.05.16, 「百濟 한성지역의 景觀 변화에 대한 초보적 검토」, 『정치적 공간으로서의 한강 I』, 서울경기고고학회.

심광주, 2019.08.30, 「용인 할미산성의 축성법과 역사적 의의」, 『용인 할미산성 문화재적 가치와 위상』, 용인시.

용인시, 2019.08.30, 『용인 할미산성 문화재적 가치와 위상』.

이성준, 2017.11.09, 「한성기 백제 풍납토성의 건설과 개발」, 『風納土城』, 국립강화문화재연구소.

이형구, 2017.11.09, 「풍납토성 백제 왕궁유적 발견 20년을 맞으면서」, 『風納土城』, 국립강화문화재연구소.

차용걸, 2018.11.30, 「峨嵯山 일대 城堡 유적의 성격과 위상」, 『龍馬에 내린 高句麗』, 고려문화재연구원.

한국기와학회, 2008.11, 「고대 동아시아의 기와」.

한국기와학회 · 국립부여박물관, 2010.10, 「백제와전과 고대 동Asia의 문물 교류」.

한국기와학회, 2012.10, 「중원문화와 기와」.

한국기와학회 · 한국성곽학회, 2013.10, 「성곽과 기와」.

한국기와학회 · 국립경주박물관, 2016.12, 「동궁과 월지 출토 기와 연구」.

한국기와학회, 2017.11, 「황룡사지 출토 중문와전 연구」.

한국기와학회 · 국립경주박물관, 2018.12, 「신라기와의 편년」.

한국기와학회 · 국립경주문화재연구소, 2019.12.19, 「경주 월성 기와 연구의 전망과 과제」.

한국기와학회, 2020.05.30, 「제 1회 와전연구회 발표집」.

한국기와학회 · 백두문화재연구원 · 양주시립회암사지박물관, 2020.6.26, 「양주회암사지 기와 조선 500년을 덮다」.

한국기와학회 · 한성백제박물관, 2020.11.20, 「한강유역 삼국의 각축과 와전문화 전개」.

한국목간학회 · 계양산성박물관 · 경북대학교 HK+사업단, 2020.11.27 「東아시아 '論語'의 전파와 桂陽山城」.

한국성곽학회 · 하남문화재단, 2018.11.23, 「이성산성의 공간구조와 활용방안」.

황보경, 2009.10.23, 「한강 유역 신라 고분의 특징과 성격」, 『정치적 공간으로서의 한강 II』, 서울경기고고학회.

보고서 및 도록

겨레문화유산연구원, 2011, 「계양산성 II」.

_______________, 2016a, 「계양산성 III」.

_______________, 2016b, 「서울 독산동 유적-서울 금천구심 도시개발사업구 내 유적 시 · 발굴조사 보고서-」.

_______________, 2017, 「계양산성 IV」.

경기도박물관, 2002, 「한강」-경기도3대하천유역 종합학술조사 II -.

경희대학교 중앙박물관, 2019, 『한국의 기와』.

고려대학교 고고환경연구소, 2007, 「紅蓮峰 第1堡壘」-發掘調査綜合報告書.

광진구, 1998a, 「아차산성 96보수구간내 실측 및 수습발굴 조사보고서」.

_____, 1998b, 「아차산성 기초 학술조사보고서」.

국립경주문화재연구소, 1995, 「乾川休憩所 新築敷地 發掘調査報告書」.

_________________, 2011, 『경주 사천왕사지 瓦』.

_________________, 2013, 『신라 수막새 분류기준안』.

_________________, 2014, 『황룡사지 신라 고식 수막새 분류일람』.

국립경주박물관, 2010, 『新羅瓦塼』.

국립문화재연구소, 2009, 「風納土城 XI-풍납동 197번지(舊 미래마을) 시굴 및 발굴조사 보고서 1-」.

______________, 2012a, 「風納土城 XIII-풍납동 197번지(舊 미래마을) 발굴조사 보고서 2-」.

2012b, 「風納土城 XIV-풍납동 197번지(舊 미래마을) 발굴조사 보고서 3-」.

2013, 「風納土城 XV-풍납동 197번지(舊 미래마을) 발굴조사 보고서 4-」.

국립부여문화재연구소, 2016, 『익산 미륵사지 평기와 연구』.

국립부여박물관, 2010, 『百濟瓦塼』.

경기문화재연구원, 2010, 「高陽 食寺洞 遺蹟-고양 식사동 도시개발사업지구내 시 · 발굴조사 보고서-」.

______________, 2014a, 「驪州 婆娑城 II -2~4차 발굴조사 보고서-」.

______________, 2014b, 「驪州 婆娑城III-5 · 6차 발굴조사 보고서-」.

______________, 2015, 「漣川 大田里山城 I -시 · 발굴조사 보고서-」.

기전문화재연구원, 2007, 「驪州 婆娑城 I -긴급수습 및 1차 발굴조사보고서-」.

단국대학교 매장문화재연구소, 2001, 「이천 설봉산성 2차 발굴조사 보고서」.

________________________, 2002, 「이천 설성산성 1차 발굴조사 보고서」.

________________________, 2004a, 「이천 설성산성 2 · 3차 발굴조사 보고서」.

________________________, 2004b, 「포천 반월산성-종합보고서(I)(II)」.

________________________, 2006, 「이천 설성산성 4차 발굴조사 보고서」.

단국대학교 사학과, 1996, 「포천 반월산성 1차 발굴조사보고서」.

______________, 1997, 「포천 반월산성 2차 발굴조사보고서」.

단국대학교 중앙박물관, 1996, 「망이산성 발굴조사보고서(1)」.
__________________, 1998, 「포천 반월산성 3차 발굴조사보고서」.
문화부 문화재관리국, 1993, 「雁鴨池」.
문화재관리국 문화재연구소, 1984, 「皇龍寺」.
문화재연구소 · 한림대학교 박물관, 1990, 「양주대모산성」.
복천박물관, 2009, 「복천동 고분문화」.
부산대학교 박물관, 1983, 「蔚州 華山里 古墳群」.
_______________, 1987, 「陜川 苧浦里E地區 遺蹟」.
_______________, 1993, 「金海 禮安里 古墳群」.
_______________, 1995, 「昌寧 桂城 古墳群」.
_______________, 1996, 「東萊 福泉洞 古墳群」
부산박물관, 2015, 『釜山기와-지붕에 기품을 더하다-』.
서울대학교 박물관, 1990, 「한우물-호암산성 및 연지발굴조사보고서-」.
서울대학교 인문학연구소 · 서울대학교 박물관, 2000, 「아차산성-시굴조사보고서-」.
서울역사박물관 · 한신대학교 박물관, 2008, 「풍납토성 IX-경당지구 출토 와전류에 대한 보고-」.
鮮文大學校 考古研究所, 2008, 「桂陽山城」.
세종문화재연구원, 2013, 『統一新羅時代 歷年代 資料集』, 학연문화사.
_______________, 2014, 『高麗時代 歷年代 資料集』, 학연문화사.
이형구, 2001, 「계양산성 일대 문화유적 지표조사 보고서」, 선문대학교 고고연구소.
중부고고학연구소, 2014, 「坡州 德津山城」.
_______________, 2018, 「坡州 德津山城 II -1~5차 학술발굴조사 종합보고서-」.
한강문화재연구원, 2010, 「서울 진관동 유적 IV」.
_______________, 2018, 「아차산성」.
한국매장문화재협회 · 국립김해박물관, 2016, 『기와, 공간을 만들다』.
한국문화유산연구원, 2014, 「龍仁 할미山城(II)」.
________________, 2015, 「龍仁 할미山城(III)」.
________________, 2017, 「龍仁 할미山城(IV)」.
한국문화재보호재단, 1999, 「慶州 競馬場 豫定敷地 C-I 地區 發掘調査報告書」
한국토지공사 토지박물관, 1999, 「漣川 瓠盧古壘(정밀지표조사보고서)」.
____________________, 2003, 「漣川 瓠盧古壘 II(제1차 발굴조사보고서)」.
____________________, 2007, 「漣川 瓠盧古壘 III(제2차 발굴조사보고서)」.
한국토지주택공사 토지주택박물관, 2014, 「漣川 瓠盧古壘 IV(제3 · 4차 발굴조사보고서)」.
한림대학교 박물관, 2002, 「양주 대모산성」.
한양대학교 박물관, 1987~2013, 「이성산성 발굴조사보고서 1~13」.

Abstract

The Roof-tiles in the Han River basin - Silla

Seo, Bong-su

The three kingdoms left numerous relic sites and artifacts in the process of gaining supremacy over different periods in the Han River basin. In particular, a huge amount of Silla roof-tiles are being excavated from the ruins centered on the mountain fortress, and the overall recording chronologically plan for them is not being prepared. The purpose of this doctoral dissertation is to prepare a plan for chronologically plan with Silla roof-tiles during the period, focusing on the spatial axis of the Han River basin and the time axis of Silla's entry into the Han River basin from the 6th century to the collapse of the first half of the 10th century. First of all, representative ruins of the Han River basin were selected based on roof-tiles from Silla and Unified Silla. In addition, four representative properties and two auxiliary properties were selected and analyzed to reflect the timeliness among the detailed properties shown in the production process of the Silla family. Subsequent attempts were made to arrange the types of attributes that appear as the result of the analysis in order. In addition, the temporal concept was summarized through a comparative analysis of relics (the earthenware, the roof-tiles with character inscription) that are shared with roof-tiles. It was determined that these achievements would provide a standard for presenting chronologically plan and attributes with other relic sites excavated in a similar pattern. First of all, the representative relic sites were Doksan-dong Site in Seoul, Gyeyangsanseong Fortress in Incheon, and Banwolsanseong Fortress in Pocheon. These relic sites were selected as representative ruins because they became the reference point (the site in Doksan-dong, Seoul) for dividing the roof-tiles of the relevant period excavated in the Han River basin, or because roof-tiles were excavated evenly over the corresponding period. These relics are also where I participated in the investigation myself. A total of 578 roof-tiles included in the report of the three sites were analyzed based on four important properties, such as patterns, size of tapping plank, method of tapping plank, and method of partitioning remaining on the side of roof-tile, as well as two kinds of auxiliary properties such as inner adjustment and thickness of roof-tile. Attribute analysis showed that a total of 104 types of forms were theoretically formed, and 45 of them showed valid type classification results. From Type I (patternless type) to Type II (twisted straw rope type), Type III (stripe type), Type IV (lattice pattern type), and Type V (the rest pattern type) were classified into 45 types within each type.

Based on these results, 45 types were arranged in order by type to set a total of 5 time organization plan.

The first period was from the mid-6th century to the first half of the 7th century, when Silla entered the Han River basin. These are the seven types.

The second period is from the mid-7th century to the late 7th century, with a total of nine formats.

The third period is from the first half of the 8th century to the second half of the 8th century, with a total of 11 types.

The fourth period is from the early 9th century to the late 9th century, with the 15 types which is the largest number of type.

The last five periods are the first half of the 10th century, with only three types of forms appearing. Secondly, The roof-tiles, which were arranged in order to form a time axis, were compared with together excavated relics by the corresponding period. In particular, earthenware is the most frequently excavated artifact along with roof-tiles, and the most sensitive reflection to timeliness. Therefore, the Silla earthenware like dish with high stand and the lid were used as important materials for the recording relative chronology of the roof-tiles. In addition, many roof-tiles with inscription have been unearthed, providing clues to the historical site's old name and absolute age. Compared to the previous set plan for plain roof-tiles, the period of the roof-tiles with character inscription were re-examined. It was intended to re-examine time of use and adjust the existing chronology. Moreover, roof-tiles excavated from several other sites in the Han River basin were tested by comparing and comparing the chronologically plan. In conclusion, a total of five period can be divided from the Silla roof-tiles in the Han River basin, which can be checked by comparing earthenware, roof-tiles with character inscription, and other relic sites.

Keyword : Silla Roof-tiles, Han river basin, attribute analysis, recording chronology

전문 용어집

기존 용어	개정 용어
개(蓋)	뚜껑
거치문(鋸齒文)	톱니무늬
건물지(建物址)	건물터
격자문(格子文)	격자무늬
고배(高杯)	굽다리접시
광견호(廣肩壺)	넓은어깨항아리
광구호(廣口壺)	큰입항아리
구상유구(溝狀遺構)	도랑유구
구연(口緣)	아가리
굴립주(掘立柱)	박이기둥
귀면와(鬼面瓦)	도깨비얼굴기와
기대(器臺)	그릇받침
단각고배(短脚高杯)	짧은굽다리접시
단부(端部)깎기	끝깎기
단부조정(端部調整)	끝다듬기
대각(臺脚)	굽다리
대부발(臺附鉢)	굽다리바리
대부완(臺附碗)	굽다리사발
대부평명(臺附平皿)	굽다리접시
대호(大壺)	큰항아리
도연(陶硯)	도자벼루
동체(胴體)	몸통

기존 용어	개정 용어
명문기와(銘文瓦)	글자기와
모골(模骨)	**통쪽**
무개식고배(無蓋式高杯)	**민뚜껑굽다리접시**
무문(無文)	민무늬
무투창고배(無透窓高杯)	민구멍굽다리접시
문양(文樣)	무늬
반동심원문(半同心圓文)	무지개무늬
발(鉢)	바리
방곽(方槨)	네모테
배(盃)	잔
병편(甁片)	병조각
복합문(複合文)	복합무늬
부가구연대부장경병(附加口緣臺附長頸甁)	턱덧댄긴목굽다리병
부가구연대부장경호(附加口緣臺附長頸壺)	턱덧댄긴목굽다리항아리
부가구연장경호(附加口緣長頸壺)	턱덧댄긴목항아리
사격자문(斜格子文)	빗금격자무늬
삼각집선문(三角集線文)	세모엇댄줄무늬
상하교호투창고배(上下交互透窓高杯)	엇구멍굽다리접시
석문(蓆文)	자리무늬(섶무늬)
선문(線文)	줄무늬
소성(燒成)	굽기
소성도(燒成度)	굽기정도
수지문(樹枝文)	솔잎무늬
수혈건물지(竪穴建物址)	**구덩이건물터**
수혈주거지(竪穴住居址)	**구덩이움집터**
승문(繩文)	**꼰무늬**

기존 용어	개정 용어
어골문(魚骨文)	**솔잎무늬**
연철흔(連綴痕)	베묶은자국
연화문(蓮花文)	연꽃무늬
와당(瓦當)	막새
와도(瓦刀)	기와칼
와도흔(瓦刀痕)	기와칼자국
완(碗)	찻종
요면(凹面)	오목면
원문(圓文)	원무늬
원저단경호(圓底短頸壺)	둥근바닥짧은목항아리
유개식고배(有蓋式高杯)	뚜껑굽다리접시
유개식단각고배(有蓋式短脚高杯)	뚜껑있는짧은굽다리접시
윤철흔(輪綴痕)	베고정자국
이단투창고배(二段透窓高杯)	두줄구멍굽다리접시
인장명문기와(印章銘文瓦)	도장글자기와
인화문(印花文)	꽃도장무늬
일단투창(투공)고배(一段透窓(透孔)高杯)	한줄구멍굽다리접시
장경호(長頸壺)	긴목항아리
주연(周緣)	둘레
주혈군(柱穴群)	기둥구멍떼
중호문(重弧文)	무지개무늬
지(址)	터
지상식건물지(地上式建物址)	**땅위건물터**
집선문(集線文)	**엇댄줄무늬**
집수정(集水井)	**물저장고**
철면(凸面)	**볼록면**

기존 용어	개정 용어
청자편(青瓷片)	청자조각
청해파문(青海波文)	파도무늬
초석(礎石)	주춧돌
추상문(抽象文)	추상무늬
측구(側溝)	옆도랑
치성(雉城)	성가퀴
타날(打捺)	두드림
타날문(打捺文)	두드림무늬
타날문양(打捺文樣)	두드림무늬
타날판(打捺板)	두드림판
타날흔적(打捺痕迹)	두드림자국
태토(胎土)	바탕흙
투공(透孔)	굽구멍
투창(透窓)	굽구멍
파도문(波濤文)	물결무늬, 파도무늬
파상문(波狀文)	물결무늬
파수(把手)	손잡이
편구병(扁球瓶)	각진병
편병(扁瓶)	자라병
평저병(平底瓶)	납작바닥병
포목흔(布木痕)	베자국
포흔(布痕)	베자국
합철흔(合綴痕)	베꿰맨자국
호상타날(弧狀打捺)	활모양두드림
회곽도(廻廓道)	둘레길
흔(痕)	자국

• 찾아보기 •

【ㄴ】

【ㄷ】

【ㅁ】

【ㅅ】

【ㅇ】

【ㅈ】

【ㅊ】

【ㅋ】

【ㅌ】

【ㅍ】

【ㅎ】

한강유역의 기와 -신라-

발행	2021년 6월 10일
저자	서봉수
펴낸이	신창수
펴낸곳	백두문화재연구원 출판부
기획	백두문화재연구원 출판부
편집	여이숙 이세호 노호
디자인	김민선
인쇄	DreamAD & Printing Group
등록	제2017-000026호
연락처	TEL. 031-918-6003~4 FAX. 031-918-6001
주소	경기도 고양시 일산동구 일산로 449, 4층
홈페이지	http://www.baekdu.or.kr
E-Mail	baekdupress@gmail.com

ISBN 979-11-89589-31-8

사진과 도면은 겨레문화유산연구원, 국립경주문화재연구소, 국립중앙박물관, 단국대학교 매장문화재연구소, 단국대학교 석주선기념박물관, 복천박물관, 부산대학교 박물관, 중부고고학연구소, 토지주택박물관, 한강문화재연구원, 한국문화재재단, 홍보식이 제공한 자료를 이용하였으며, 지도는 카카오맵에서 제공한 자료를 이용하였습니다. 해당 자료에 출처를 명기하였습니다.